Confissões de um Publicitário

David Ogilvy

Confissões de um Publicitário

2ª edição

Tradução
Luiz Augusto Cama

BERTRAND BRASIL

Copyright © David Ogilvy, 1963, 1987

Título original: *Confessions of an advertising man*

Capa: Beto Lima

Preparação do texto: Paulo Felipe Mendrone

2001
Impresso no Brasil
Printed in Brazil

CIP-Brasil. Catalogação-na-fonte
Sindicato Nacional dos Editores de Livros, RJ

O28c 2. ed.	Ogilvy, David, 1911- Confissões de um publicitário / David Ogilvy; tradução Luiz Augusto Cama. – Rio de Janeiro: Bertrand Brasil, 2001 192p., : [16]p. de estampas: retrs. Tradução de: Confessions of an advertising man ISBN 85-286-0234-6 1. Ogilvy, David, 1911-. 2. Publicitários – Estados Unidos – Biografia. 3. Agências de publicidade – Estados Unidos – História. I. Título.
01-0204	CDD - 659.112 CDU - 659.1

Todos os direitos reservados pela:
BCD UNIÃO DE EDITORAS S.A.
Av. Rio Branco, 99 – 20º andar – Centro
20040-004 – Rio de Janeiro – RJ
Tel.: (0xx21) 263-2082 Fax: (0xx21) 263-6112

Atendemos pelo Reembolso Postal.

Sumário

A História deste Livro

Catorze anos antes de escrever estas *Confissões*, fui para Nova York e abri uma agência de publicidade. Os americanos pensaram que eu estava louco. O que é que um escocês entenderia de publicidade?

Minha agência foi um sucesso imediato e meteórico.

Escrevi este livro durante minhas férias de verão em 1962, e doei os direitos autorais para meu filho como presente pelo seu vigésimo primeiro aniversário. Eu achava que o livro iria vender 4.000 exemplares. Para minha surpresa, foi um *best seller* arrasador, sendo mais tarde traduzido para catorze idiomas. Cerca de um milhão de exemplares foram vendidos até hoje.

Por que o escrevi? *Primeiro*, para atrair novos clientes para minha agência de publicidade. *Segundo*, para condicionar o mercado a uma oferta pública de ações da nossa empresa. *Terceiro*, para tornar-me mais conhecido no mundo dos negócios. O livro atingiu os três objetivos.

Se eu o estivesse escrevendo hoje, ele seria menos inconfidente, menos presunçoso e menos didático.

Você perceberá que ele está cheio de *regras* — faça isso, faça aquilo, não faça mais aquilo. Gente de publicidade, particularmente os jovens, é alérgica a regras. Hoje eu não diria: "Nunca ponha um texto em negativo no seu anúncio." Eu diria: "A pesquisa demonstra que, quando você põe um texto em negativo, ninguém irá lê-lo". Uma fórmula mais diplomática em nossa sociedade permissiva.

Meus colegas da Ogilvy & Mather seguiram amplamente meus preceitos e venderam um monte de produtos de um monte de fabricantes, com o resultado de que nossa agência é hoje sessenta vezes maior do que era quando escrevi este livro. Em vez de um escritório e dezenove clientes, temos agora 3.000 clientes e 267 escritórios, inclusive 44 nos Estados Unidos.

Recebo cartas de desconhecidos que me agradecem pelo impressionante desenvolvimento de suas vendas, quando seguem os conselhos contidos neste livro. E encontro pessoas importantes do mundo do marketing que dizem dever sua carreira à leitura das minhas *Confissões* quando estavam começando.

Peço perdão por referir-me às pessoas que trabalham em publicidade como *homens*. Por favor, lembre-se de que escrevi este livro há 25 anos, quando a maioria das pessoas que trabalhavam nesta profissão eram homens. Hoje a imensa maioria são *mulheres*. Deus seja louvado!

Se você perceber um leve cheiro de arrogância neste livro, quero que saiba que minha arrogância é seletiva. Sou miseravelmente medíocre em tudo, *exceto* em publicidade. Não consigo ler um balanço, não consigo trabalhar num computador, esquiar, velejar, jogar golfe ou pintar. Mas, quando se trata de publicidade, a *Advertising Age* diz que eu sou "o Rei criativo da publicidade". Quando a *Fortune* publicou um artigo a meu respeito, e intitulou-o "David Ogilvy é um Gênio?", pedi a meu advogado que a processasse por causa do ponto de interrogação.

Não muito mais tarde, tornei-me um vulcão extinto, e me refugiei na "administração". Mas me aborreci com o tumulto da Madison Avenue e fui viver no interior da França, onde pratico jardinagem — e bombardeio os meus colegas com memorandos intrometidos.

De modo geral, meus preceitos — a maioria deles baseada em pesquisa — são tão válidos hoje como o eram em 1962. Mas *Confissões* tem três afirmações que precisam ser corrigidas:

> *Na página 142*, escrevi que "quando o seu anúncio precisa conter um cupom, e você quer o máximo de retorno, ponha-o no alto da página, em destaque, no centro do alvo". Hoje em dia, isso já não é válido. Ponha seu cupom *no canto inferior direito*.

> *Na página 147*, escrevi que "não existe correlação entre o fato de as pessoas *gostarem* dos comerciais e *comprarem* em função deles". Pesquisa recente do Ogilvy Center for Research and Development revelou que os comerciais de que as pessoas gostam vendem mais que os comerciais de que elas não gostam.

> *Na página 148*, eu advertia o leitor a restringir-se a noventa palavras por minuto num comercial de televisão. Sabe-se agora que, na média, duzentas palavras por minuto vendem mais produtos. Os vendedores nas feiras sabem disso, por isso falam tão depressa.

O Capítulo VIII, sobre comerciais de televisão, é inadequado. Eu só posso alegar que, em 1962, pouco se sabia sobre o que funciona e o que não funciona em televisão. Você encontrará alguma pesquisa mais recente em meu livro *A Publicidade Segundo Ogilvy*.*

Confissões nada fala sobre a cultura corporativa, principalmente sobre a cultura corporativa das agências de publicidade. Em 1962, eu nunca tinha ouvido nada a respeito de cultura corporativa, nem ninguém tinha ouvido. Graças a dois estudiosos de administração, Terence Deal e Allen Kennedy, sabemos hoje que "as pessoas que construíram as companhias pelas quais a América é famosa trabalharam obsessivamente para *criar fortes culturas*

---

* Publicado no Brasil em 1984.

dentro de suas organizações. As companhias que cultivaram sua identidade individual definindo valores, criando heróis, divulgando ritos e rituais e propagando sua cultura têm uma vantagem".

Hoje, o conceito de cultura corporativa foi adotado em grande escala não apenas nos Estados Unidos, mas também na Inglaterra. Frances Cairncross, do *The Economist*, escreveu: "A característica comum do sucesso é a criação deliberada de uma cultura corporativa."

O líder de uma das maiores agências disse-me recentemente: "A Ogilvy & Mather é a única agência no mundo com uma verdadeira cultura corporativa." Talvez seja isso, mais do que qualquer outra coisa, o que nos diferencia dos nossos concorrentes. Eis como eu vejo a nossa cultura:

Parte do nosso pessoal gasta toda a sua vida ativa em nossa agência. Nós fazemos tudo para torná-la um lugar agradável para trabalhar. Isso é prioritário para nós.

Tratamos nosso pessoal como seres humanos. Nós os ajudamos quando têm problemas — com seu trabalho, com sua saúde, com o alcoolismo, e assim por diante.

Nós os ajudamos a extrair o melhor dos seus talentos, investindo um valor enorme em tempo e dinheiro no treinamento — como se fôssemos um hospital-escola.

Nosso sistema de administração é particularmente democrático. Não gostamos de burocracia hierárquica ou de ordens rígidas e robotizantes.

Damos aos nossos executivos um grau excepcional de liberdade e independência.

Gostamos de pessoas com maneiras gentis. Nosso escritório de Nova York dá um prêmio anual para "profissionalismo combinado com *civilidade*".

Gostamos de pessoas que são honestas nos seus argumentos, honestas com os clientes e, acima de tudo, honestas com os consumidores.

10

Admiramos as pessoas que trabalham duro, que são objetivas e diretas.

Detestamos os politiqueiros de escritório, os bajuladores, os arrogantes e os ignorantes metidos. Nós odiamos a grossura.

A promoção em nossos escalões está aberta para todos.

Não temos nenhum preconceito — nem preconceito religioso, nem preconceito racial, nem preconceito de sexo.

Detestamos o nepotismo ou qualquer outra forma de favoritismo. Ao promover pessoas a cargos superiores, somos influenciados mais pelo seu *caráter* do que por qualquer outro fator.

As recomendações que fazemos para nossos clientes são as que faríamos se fôssemos os donos de suas empresas, sem preocupação com o nosso próprio interesse.

O que a maioria dos clientes quer de uma agência são boas campanhas publicitárias. Colocamos a função criativa no topo das nossas prioridades.

A linha divisória entre o orgulho do nosso trabalho e a obstinação neurótica é muito sutil. Nós não usurpamos dos nossos clientes o direito de decidir qual a publicidade a ser publicada. Afinal, o dinheiro é deles.

Muitos de nossos clientes nos contratam em diversos países. Para eles, é importante saber que podem contar com os mesmos padrões de comportamento em todos os nossos escritórios. Por isso fazemos questão de que a nossa cultura seja a mesma no mundo inteiro. Tentamos vender os produtos de nossos clientes sem ofender os *mores* dos países onde fazemos negócios.

Damos importância à *discrição*. Clientes não gostam de agências que deixam escapar os seus segredos. Nem gostam quando uma agência toma para si o crédito pelo sucesso *deles*. Interpor-se entre o cliente e as luzes da ribalta é falta de educação.

11

Temos um furioso hábito de "descontentamento divino" com a nossa *performance*. É um antídoto para a arrogância.

Nossa extensa empresa mantém-se unida por uma rede de amizades pessoais. Todos pertencemos ao mesmo clube.

Gostamos de relatórios e correspondência bem escritos, fáceis de ler e curtos. Rebelamo-nos contra o jargão pseudo-acadêmico, como "atitudinal", "paradigmas", "desmassificação", "reconceptualizar", "subótimo", "ligação simbiótica", "splinterização", "dimensionalização". (Lorde Rutherford costumava dizer ao seu pessoal, no Laboratório Cavendish, que, se eles não pudessem explicar a sua ciência para uma garçonete, ela seria má ciência.)

Através da repetição fanática, alguns dos meus *obiter dicta* ficaram gravados em nossa cultura. Aqui estão alguns deles:

(1) "Nós vendemos — ou então..."

(2) "Você não pode *aborrecer* as pessoas para comprar seu produto; você só pode *interessá-las* a comprá-lo."

(3) "Nós preferimos a disciplina do conhecimento à anarquia da ignorância. Perseguimos o conhecimento da mesma forma que um porco procura trufas. Um porco cego pode eventualmente encontrar trufas, mas ajuda saber que elas crescem em florestas de carvalhos."

(4) "Nós empregamos cavalheiros com cérebros."

(5) "A consumidora não é uma idiota. Ela é a sua mulher. Não insulte sua inteligência."

(6) "A menos que sua campanha contenha uma Grande Idéia, ela passará como um navio dentro da noite." (Duvido que mais de uma campanha em cada cem contenha uma grande idéia. Sou considerado um dos mais férteis inventores de grandes idéias, mas em minha longa carreira não tive mais de vinte delas.)

(7) "Somente negócios de Primeira Classe, e num estilo de Primeira Classe."

(8) "Nunca publique um anúncio que você não quereria que sua própria família visse."

(9) "Pesquise em todos os parques da sua cidade. Você não encontrará nenhum monumento aos comitês."

Este livro nada diz sobre a publicidade de "resposta direta", aquele tipo de publicidade que convida o leitor a encomendar o produto por correio, diretamente do fabricante. As pessoas que escrevem esse tipo de anúncio sabem exatamente quantos produtos vendem, ao passo que as que escrevem anúncios "comuns" e comerciais de televisão raramente o sabem, se é que sabem; muitos outros fatores estão envolvidos no *marketing mix*, como os descontos de preço da concorrência e o encolhimento dos estoques do varejo.

O curioso é que as técnicas que funcionam melhor nos anúncios *direct* raramente são usadas na publicidade comum — como, por exemplo, dar informações factuais sobre o produto.

Se todos os anunciantes seguissem o exemplo de seus confrades da resposta direta, eles *venderiam* mais. Todo o redator deveria começar sua carreira ficando dois anos em resposta direta. Uma vista d'olhos em qualquer anúncio me revela se redator teve essa experiência.

QUATRO PROBLEMAS

Hoje em dia, o mundo da publicidade enfrenta quatro problemas com dimensões críticas.

O *primeiro* problema é que os fabricantes de produtos de largo consumo, que sempre foram o fundamento da publicidade, estão gastando hoje duas vezes mais em acordos de descontos do que em publicidade. Eles estão obtendo volume através do desconto de preços, em vez de usar a publicidade para construir marcas fortes. Qualquer maldito idiota pode decidir um desconto de preço, mas é preciso inteligência e perseverança para criar uma marca.

Havia uma marca popular de café chamada Chase & Sanborn. Aí, os fabricantes começaram a dar descontos de preços. Eles se tornaram *viciados* nos descontos. Onde está essa marca hoje em dia? Completamente morta.

Ouçam um discurso que fiz em Chicago, em 1955:

> Chegou a hora de *soar um alarme*, para alertar os fabricantes do que acontecerá com suas marcas se eles gastarem tanto em acordos de descontos que não sobre dinheiro para que a publicidade construa as suas marcas.
>
> Descontos não constróem o tipo de imagem indestrutível, a única coisa que pode tornar a sua marca parte do tecido da vida.

Andrew Ehrenberg, da London Business School, é dono de uma das maiores inteligências do marketing, hoje em dia. Ele relata que uma oferta de preço reduzido pode levar as pessoas a experimentarem uma marca, mas elas voltam para suas marcas habituais como se nada tivesse acontecido.

Por que tantos gerentes de produto são viciados em campanhas de descontos de preços? Porque as pessoas que as empregam estão interessadas apenas nos lucros do próximo trimestre. Por quê? Porque elas estão mais preocupadas com o seu bônus de fim de ano do que com o futuro da sua companhia.

Promoções de descontos são como o tóxico. Pergunte a um gerente de produto viciado o que aconteceu com a sua participação de mercado depois que o delírio do desconto acabou. Ele mudará de assunto. Pergunte-lhe se o acordo incrementou os seus *lucros*. Mais uma vez ele vai mudar de assunto.

Mercadólogos que herdaram marcas construídas pelos seus antecessores estão condenando-as ao esquecimento. Mais cedo ou mais tarde eles descobrem que é impossível vender marcas das quais ninguém ouviu falar. Marcas são as *sementes* que eles herdaram. Eles estão comendo as sementes.

Esses simplórios do desconto de preço também têm o vício de cortar o preço dos serviços da sua agência. Clientes que pechincham sobre a remuneração de sua agência estão olhando pelo lado errado do telescópio. Em vez de tentar cortar uns míseros centavos dos 15% das agências, eles deveriam concentrar-se em conseguir melhores resultados de vendas dos 85% que gastam em tempo e em espaço. É lá que está a alavancagem. Nenhum anunciante jamais ficou rico pagando insuficientemente a sua agência. Pague miséria e você receberá miséria.

O *segundo* problema é que as agências de publicidade, principalmente na França, na Inglaterra e nos Estados Unidos, infestadas hoje em dia com pessoas que vêem a publicidade como uma forma de arte *avant garde*. Eles nunca venderam nada em sua vida, sua ambição é ganhar prêmios no Festival de Cannes. Eles seduzem seus infortunados clientes a gastarem milhões de dólares por ano para exibir a sua originalidade. Eles não estão interessados nos produtos que anunciam, e assumem que o consumidor também não está; então, eles quase nada dizem sobre suas virtudes. Na melhor das hipóteses são meros entretenedores, e freqüentemente são medíocres até nisso. Muitos deles são diretores de arte que, voltados exclusivamente para o visual, nunca lêem nada e tornam impossível para os consumidores ler o texto que eu escrevo. Num banquete, recentemente, ouvi um industrial enfurecido referir-se a esses idiotas auto-indulgentes como *veados afetados*. Devido à minha educação, talvez eu mesmo caísse nessa armadilha se não tivesse passado cinco anos vendendo fogões de cozinha de porta em porta. Uma vez vendedor, sempre vendedor.

O *terceiro* problema é o surgimento de megalomaníacos, cuja mentalidade é mais financeira que criativa. Eles estão construindo impérios comprando outras agências, para consternação de seus clientes.

O *quarto* problema é que as agências de publicidade ainda desperdiçam o dinheiro de seus clientes repetindo os mesmos erros. Recentemente, contei 49 anúncios com o texto em negativo (letras brancas em fundo preto) num exemplar de uma revista alemã, muitos anos depois que a pesquisa demonstrou que o negativo é difícil de ler.

Durante uma viagem de trem de dez horas, li os anúncios de três revistas. A maioria deles violava princípios elementares descobertos há muitos anos — e que foram expostos em *Confissões*. Os redatores e diretores de arte que os criaram são amadores ignorantes.

Por que razão eles se negam a estudar a experiência? Será que a publicidade não atrai as mentes inquisitivas? Será porque qualquer método científico está fora da sua compreensão? Temem eles que o conhecimento irá lhes impor alguma disciplina — ou colocará a nu a sua incompetência?

MEU ÚLTIMO DESEJO E TESTAMENTO

Comecei minha carreira na pesquisa, com o grande Dr. Gallup, em Princeton. Aí, tornei-me um redator publicitário. Tanto quanto eu saiba, sou a única "fera criativa" que começou em pesquisa. Em conseqüência, vejo a função criativa através dos olhos objetivos de um pesquisador. Estas são as lições mais valiosas que aprendi:

(1) Criar publicidade bem-sucedida é um artesanato, parte inspiração, mas principalmente conhecimento e trabalho duro. Se você tem um talento razoável e sabe quais as técnicas que funcionam na caixa registradora, você irá longe.

(2) A tentação de divertir em vez de vender é contagiante.

(3) A diferença entre um anúncio e outro, quando medida em termos de vendas, pode ser tão grande quanto 19 para 1.

(4) Vale a pena estudar o produto antes de escrever a sua campanha.

(5) A chave do sucesso é *prometer um benefício ao consumidor* — tal como melhor sabor, lavar melhor, mais quilometragem por litro ou uma aparência melhor.

(6) A função da maior parte da publicidade não é persuadir pessoas a experimentar o seu produto, mas persuadi-las a usá-lo mais freqüentemente que as outras marcas que conhecem. (Obrigado, Andrew Ehrenberg.)

(7) O que funciona em um país quase sempre funciona em outros.

(8) Editores de revistas são melhores comunicadores que os publicitários. Copie suas técnicas.

(9) A maioria das campanhas são muito complicadas. Elas refletem uma longa lista de objetivos e tentam conciliar os pontos de vista divergentes de demasiados executivos. Tentando alcançar muitas coisas, elas nada conseguem. Seus anúncios parecem os relatórios de um comitê.

(10) Não permita que um homem escreva publicidade para produtos comprados por mulheres.

(11) Boas campanhas podem ser publicadas por muitos anos sem perder sua força de venda. Minha campanha do tapa-olho para as camisas Hathaway foi publicada durante 21 anos; minha campanha para o sabonete Dove vem sendo publicada há mais de 30 anos. E Dove é um *best seller*.

Uma vez vendedor, sempre vendedor.

DAVID OGILVY
1988

Confissões de um Publicitário

Os Antecedentes

Quando criança, vivi na casa de Lewis Carroll, em Guildford. Meu pai, que eu adorava, era um escocês das Terras Altas, que falava galês, um estudioso clássico e um agnóstico ferrenho. Um dia ele descobriu que eu costumava ir à igreja em segredo.

"Meu querido filho, como pode você engolir essa palhaçada? Isso tudo vai muito bem para criados, mas não para pessoas cultas. *Você não tem que ser um cristão para comportar-se como um cavalheiro!*"

Minha mãe era uma irlandesa bela e excêntrica. Ela deserdou-me, baseada em que eu parecia capaz de ganhar mais dinheiro do que era conveniente para mim, sem precisar do seu auxílio. Não pude discordar.

Aos nove anos de idade, fui mandado para a aristocrática escola Dotheboys Hall, em Eastbourne. O diretor escreveu a meu respeito: "Ele tem uma mente distintamente original, inclinada a discutir com seus mestres e a tentar convencê-los de que ele está certo e os livros estão errados; mas isso talvez seja uma prova adicional da sua originalidade." Quando sugeri que talvez Napoleão tivesse sido um holandês, porque seu irmão era o Rei da

Holanda, a mulher do diretor mandou-me para a cama sem jantar. Quando ela estava me preparando para o papel de Abadessa em *A Comédia dos Erros*, ensaiei minha fala de abertura com uma ênfase que a desagradou; em conseqüência, ela agarrou-me pela bochecha e derrubou-me no chão.

Com a idade de treze anos, fui para Fettes, uma escola escocesa, cuja disciplina espartana tinha sido estabelecida pelo meu tio-avô Inglis, o Ministro do Supremo Tribunal, o maior advogado escocês de todos os tempos. Meus amigos nessa esplêndida escola incluíam: Ian Macleod, Niall Macpherson, Knox Cunningham e vários outros futuros membros do Parlamento. Lembro-me, como os maiores entre os mestres, de Henry Havergal, que me inspirou a tocar contrabaixo, e de Walter Sellar, que escreveu *1066 and All That*, ao mesmo tempo que me ensinava história.

Fui um fiasco em Oxford. Keith Feiling, o historiador, deu-me uma bolsa para Christ Church e recebi também muita atenção de Patrick Gordon-Walker, Roy Harrod, A. S. Russell e outros mestres. Mas eu estava muito preocupado em fazer coisa nenhuma, e acabei sendo expulso vergonhosamente.

Isso foi em 1931, no fundo da depressão. Pelos dezessete anos seguintes, enquanto meus amigos se estabeleciam como médicos, advogados, altos funcionários públicos e políticos, eu me aventurava pelo mundo, sem objetivo definido. Fui *chef* de cozinha em Paris, vendedor de porta em porta, assistente social nos cortiços de Edimburgo, associado do Dr. Gallup em pesquisas para a indústria cinematográfica, assistente de *Sir* William Stephenson na British Security Co-ordination e fazendeiro na Pensilvânia.

O herói da minha infância foi Lloyd George, e eu aspirava vir a ser Primeiro-Ministro quando crescesse. Em lugar disso, acabei me tornando um publicitário na Madison Avenue; o faturamento de meus dezenove clientes é hoje maior que a receita do Governo de Sua Majestade.

Max Beerbohm disse certa vez a S. N. Berhman: "Se eu ganhasse uma fortuna, lançaria uma grande campanha publicitária em todos os jornais importantes; os anúncios consistiriam apenas

22

de uma frase curta impressa em letras garrafais — uma sentença que certa vez ouvi ser dita por um marido à sua mulher: '*Minha querida, não há nada neste mundo que valha a pena ser comprado.*' "

Minha posição é oposta. Quero comprar quase tudo que vejo anunciado. Meu pai costumava dizer que um produto "era muito elogiado nos anúncios". Gasto a minha vida elogiando produtos em anúncios; espero que você tenha tanto prazer ao comprá-los como eu tenho em anunciá-los.

Ao escrever este livro na antiquada forma da primeira pessoa do singular, cometi uma ofensa contra uma convenção das boas maneiras americanas contemporâneas. Mas acho que é artificial escrever *nós*, quando estou confessando os *meus pecados* e descrevendo as *minhas aventuras*.

Ipswich, Massachusetts

DAVID OGILVY

I

Como Administrar uma Agência de Publicidade

Administrar uma agência de publicidade é como administrar qualquer outra organização criativa — um laboratório de pesquisa, uma revista, um escritório de arquitetura ou uma grande cozinha.

Trinta anos atrás, fui cozinheiro no Hotel Majestic, em Paris. Henri Soulé, do Pavillon, disse-me que, provavelmente, aquela foi a melhor cozinha que já existiu.

Havia 37 *chefs* na nossa brigada. Trabalhávamos como dervixes, 63 horas por semana — não havia sindicato. De manhã à noite, suávamos e gritávamos e blasfemávamos e cozinhávamos. Cada camarada era inspirado por uma ambição: cozinhar melhor do que qualquer outro *chef* jamais havia cozinhado. Nosso *esprit de corps* seria digno até dos fuzileiros navais.

Sempre acreditei que se conseguisse entender como *monsieur* Pitard, o *chef* principal, inspirava tão inflamado moral, eu poderia aplicar o mesmo tipo de liderança na administração da minha agência de publicidade.

Para começar, ele era o melhor cozinheiro de toda a brigada e nós sabíamos disso. Ele era obrigado a passar a maior parte do tempo em sua escrivaninha planejando cardápios, examinando contas e encomendando suprimentos. Mas, uma vez por semana, ele saía de sua sala de paredes de vidro no meio da cozinha e efetivamente *cozinhava* alguma coisa. Um bando de nós se aglomerava sempre ao redor para assistir, fascinados por seu virtuosismo. Era inspirador trabalhar para um mestre supremo.

(Seguindo o exemplo do *chef* Pitard, eu mesmo ainda escrevo anúncios ocasionalmente, para lembrar à minha brigada de redatores que minha mão não perdeu a destreza.)

M. Pitard dirigia com mão de ferro e nós vivíamos apavorados por ele. Lá ficava ele, sentado em sua gaiola de vidro, o *gros bonnet*, o arqui-símbolo da autoridade. Sempre que cometia um erro em meu trabalho, eu olhava para lá para ver se o seu olho perscrutador havia notado. Cozinheiros, assim como os redatores, trabalham sob pressões ferozes e tendem a ser briguentos. Duvido que um chefe mais "desligado" tivesse conseguido evitar que as nossas rivalidades explodissem em violência. M. Bourgignon, nosso *chef saucier*, disse-me que por volta dos quarenta anos um cozinheiro ou morre, ou enlouquece. Compreendi o que ele queria dizer na noite em que nosso *chef potagier* atirou 47 ovos crus pela cozinha na minha cabeça, acertando nove deles. Sua paciência se esgotara pelos meus assaltos às suas panelas em busca de ossos para os cachorrinhos de um importante cliente.

Nosso *chef pâtissier* era igualmente excêntrico. Todas as noites ele deixava a cozinha com uma galinha escondida sob o seu chapéu Homburg. Quando saiu de férias, ele me fez enfiar duas dúzias de pêssegos nas pernas de suas ceroulas. Mas quando o Rei e a Rainha da Inglaterra foram homenageados com um jantar oficial em Versalhes, esse gênio travesso foi escolhido entre todos os *pâtissiers* da França para preparar os cestinhos ornamentais de açúcar e os *petits fours glacés*.

M. Pitard raramente elogiava, mas quando o fazia sentíamonos elevados aos céus. Quando o Presidente da França compareceu a um banquete no Majestic, a atmosfera em nossa cozinha ficou elétrica. Numa dessas ocasiões memoráveis eu estava cobrindo pernas de rãs com um creme branco *chaud-froid*, decorando cada uma das pequenas coxas com uma folha ornamental de cerefólio. Subitamente, dei-me conta de que M. Pitard estava parado atrás de mim, observando. Fiquei tão assustado que meus joelhos batiam e minhas mãos tremiam. Ele pegou o lápis do seu gorro engomado e girou-o no ar, seu sinal para que toda a brigada se reunisse. Então, ele apontou para as minhas pernas de rãs e disse, muito devagar e muito suavemente: "É assim que se faz." Tornei-me seu escravo pelo resto da vida.

(Hoje em dia, eu elogio o meu *staff* tão raramente quanto Pitard elogiava seus cozinheiros, na esperança de que eles também apreciem isso mais do que um fluxo constante de aplausos.)

M. Pitard deu-nos um grande senso de oportunidade. Certa noite em que eu havia preparado um suflê Rothschild (com três licores), ele me levou até lá em cima, à porta do salão de jantar, e permitiu-me ver o Presidente Paul Doumer comê-lo. Três semanas depois, em 7 de maio de 1932, Doumer morreu.*

(Descobri que o pessoal que trabalha na minha agência extrai uma energia semelhante das ocasiões especiais. Quando uma crise os mantém trabalhando a noite inteira, seu moral fica alto por semanas a fio.)

M. Pitard não tolerava a incompetência. Ele sabia que para os profissionais é desmoralizante trabalhar lado a lado com amadores incompetentes. Eu o vi demitir três pasteleiros em um mês pelo mesmo crime: não conseguiram fazer a tampa de seus brioches crescer por igual. Gladstone teria aplaudido tamanha crueldade. Ele sustentava que "a primeira qualidade essencial para um primeiro-ministro é ser um bom açougueiro".

M. Pitard ensinou-me padrões exorbitantes de serviço. Por exemplo, certa feita ouviu-me dizer a um garçom que o *plat du jour* havia terminado — e quase demitiu-me por causa disso. "Em uma grande cozinha", disse ele, "devemos sempre honrar o que prometemos no cardápio." Argumentei que o prato em questão ia levar tanto tempo para cozinhar que cliente algum esperaria que uma nova porção fosse preparada. Tratava-se do nosso famoso *coulibiac de saumon*, uma complicada *kedgeree* feita com a medula do esturjão, semolina, fatias de salmão, cogumelos, cebolas e

---

* Não por causa do meu suflê, mas pela bala de um russo louco.

arroz, enrolado numa massa de brioches, assado por 50 minutos? Ou tratava-se do ainda mais exótico Karoly Éclairs, recheado com purê de vísceras de galinhola cozidas no champanha, coberto por um molho *chaud-froid* castanho e encoberto por gelatina de aves selvagens? Faz tanto tempo que eu não me lembro. Mas lembro perfeitamente o que Pitard me disse: "Na próxima vez que você perceber que vamos ficar em falta de um *plat du jour*, avise-me. Telefonarei para outros restaurantes e hotéis, até encontrar algum que tenha o mesmo prato em seu cardápio. Aí, mandarei você num táxi para buscar um suprimento. Nunca mais diga a um garçom que estamos em falta de alguma coisa."

(Hoje, fico enfurecido se alguém na Ogilvy, Benson & Mather diz a um cliente que não podemos produzir um anúncio ou um comercial para televisão no prazo em que foi prometido. Nos melhores estabelecimentos, promessas são sempre cumpridas, não importa quanto isso custe em sacrifício ou horas extras.)

Pouco depois de ter-me juntado à brigada de M. Pitard, defrontei-me com um problema de moral, para o qual nem meu pai nem meus mestres haviam me preparado. O *chef garde-manger* mandou-me para o *chef saucier* com alguns pedaços de miúdos de boi que recendiam tal podridão que eu sabia poriam em perigo a vida de qualquer cliente que os comesse. Protestei com o *chef garde-manger*, mas ele me disse que cumprisse sua ordem. Ele sabia que estaria em maus lençóis se M. Pitard descobrisse que ele havia deixado faltar miúdos frescos. O que eu deveria fazer? Tinha sido criado na crença de que a delação é desonrosa. Mas foi exatamente o que fiz. Levei a carne pútrida para M. Pitard e pedi-lhe que a cheirasse. Sem dizer-me uma palavra, ele marchou para o *chef garde-manger* e o despediu. O pobre desgraçado teve de ir embora no ato.

Em *Down and Out in Paris and London*, George Orwell revelou ao mundo que as cozinhas francesas são sujas. Ele jamais havia trabalhado no Majestic. M. Pitard era um tirano ao fazer-nos manter a cozinha limpa. Duas vezes por dia eu tinha que raspar o tampo de madeira da mesa de corte de carnes com uma plaina afiada. Duas vezes por dia, o chão era lavado e serragem limpa era espalhada. Uma vez por semana, um mata-insetos vasculhava a cozinha à procura de baratas. Recebíamos uniformes limpos todas as manhãs.

(Hoje, sou um tirano ao exigir que meu pessoal mantenha seus escritórios impecáveis. Um escritório bagunçado cria uma atmosfera de sujeira e provoca o desaparecimento de documentos confidenciais.)

Nós, cozinheiros, éramos mal pagos, mas M. Pitard fazia tanto dinheiro com as comissões que os fornecedores lhe pagavam, que poderia viver num castelo. Longe de esconder de nós a sua riqueza, ele vinha trabalhar de táxi, usava uma bengala de castão de ouro e se vestia, quando fora do trabalho, como um banqueiro internacional. Essa exibição de privilégios estimulava nossa ambição de seguir seus passos.

O imortal Auguste Escoffier pensava igual. Quando era *chef des cuisines* do Carlton, em Londres, antes da Primeira Guerra Mundial, costumava ir para o Derby na cabine de uma carruagem de quatro cavalos, vestindo sobrecasaca cinza e cartola. Entre meus colegas cozinheiros do Majestic, o *Guide Culinaire* de Escoffier era ainda a autoridade definitiva, a Suprema Corte em todas as nossas discussões sobre receitas. Pouco antes de morrer, ele surgiu de sua aposentadoria e veio almoçar em nossa cozinha; foi como Brahms almoçando com os músicos da Filarmônica.

Durante os serviços de almoço ou jantar, M. Pitard se colocava junto ao balcão onde nós, os cozinheiros, entregávamos nossos pratos aos garçons. Ele inspecionava cada prato antes que saísse da cozinha. Às vezes, mandava-o de volta para o cozinheiro, para que o trabalho fosse completado. Ele sempre nos advertia para que não enchêssemos demais o prato — "*pas trop!*". Ele queria que o Majestic desse lucro.

(Hoje, inspeciono cada campanha antes que ela vá para o cliente, e mando muitas delas de volta para serem retrabalhadas. E compartilho a paixão de M. Pitard pelo lucro.)

O ingrediente na liderança de M. Pitard que talvez tenha causado mais profunda impressão em mim era a sua operosidade. Eu achava minhas 63 horas curvado sobre um fogão incandescente tão exaustivas, que tinha que gastar o meu dia de folga deitado numa campina, de papo pro ar, olhando para o céu. Mas Pitard trabalhava *77 horas* por semana e tirava um só dia de folga cada quinzena.

(Mais ou menos assim são os meus esquemas, hoje em dia. Eu imagino que meu *staff* relutará menos em fazer serão, se eu mesmo trabalhar mais horas do que eles. Um executivo que deixou minha agência recentemente escreveu em sua carta de despedida: "Você estabelece o hábito de fazer trabalho em casa. É uma experiência desconcertante passar uma noite de sábado no jardim da casa ao lado da sua, enchendo a cara durante quatro horas, enquanto você fica sentado impassível em sua escrivaninha junto à janela, fazendo o seu dever de casa. A notícia se espalha".)

Aprendi algo mais no Majestic: se você consegue se tornar indispensável para um cliente, jamais será mandado embora. Nosso cliente mais importante, uma dama americana que ocupava uma suíte de sete aposentos, submetia-se a uma dieta baseada em uma maçã assada em cada refeição. Um dia ela ameaçou mudar-se para o Ritz, a menos que sua maçã viesse sempre *estourando*. Desenvolvi uma técnica de assar *duas* maçãs, passando a sua polpa por uma peneira, de forma a remover qualquer traço das sementes, e recolocando o miolo das duas maçãs em uma só casca. O resultado foi a mais voluptuosa maçã assada que nossa cliente jamais havia visto, e mais calorias do que ela jamais suspeitaria. Veio uma determinação para a cozinha de que o *chef* que estava assando aquelas maçãs deveria ganhar estabilidade.

Meu amigo mais íntimo era um *argentier* bastante idoso, que tinha incrível semelhança com o finado Charles C. Burlingham. Sua lembrança mais querida era a visão de Edward VII (Eduardo, O Mimado) flutuando majestosamente pela calçada em direção à sua carruagem, depois de beber dois *magnums* de *entente cordiale* no Maxim's. Meu amigo era comunista. Ninguém se preocupava com isso; as pessoas se impressionavam muito mais com a minha nacionalidade. Um escocês numa cozinha francesa é tão raro quanto um escocês na Madison Avenue. Meus colegas cozinheiros, que haviam ouvido as lendas sobre meus ancestrais das Terras Altas da Escócia, apelidaram-me de *Sauvage*.

Fiquei mais *sauvage* ainda quando cheguei à Madison Avenue. A administração de uma agência de publicidade não é propriamente uma festa. Depois de catorze anos nisso, cheguei à conclusão de que quem está no posto mais alto tem uma responsabilidade principal: propiciar uma atmosfera onde rebeldes criativos possam fazer um trabalho útil. O Dr. William Menninger descreveu essas dificuldades com fantástico discernimento:

> Para ser bem-sucedido na indústria da publicidade você precisa, necessariamente, reunir um grupo de pessoas criativas. Isto provavelmente significa uma alta percentagem de gente sensível, brilhante, de não-conformistas excêntricos.
>
> Assim como a maioria dos médicos, você estará à disposição dia e noite, sete dias por semana. Essa pressão constante sobre todos os executivos publicitários cobra um preço alto em desgaste físico e psicológico — opressão que o executivo transmite ao diretor de contas, ao supervisor, e eles, por sua vez, colocam sobre o pessoal criativo. E aí, acima de tudo, as pressões dos clientes sobre eles e sobre você.
>
> Um problema especial com os trabalhadores de uma agência de publicidade é que cada um está sempre de olho no outro para ver se alguém ganhou um tapete antes do outro, ou se conseguiu um assistente antes do outro, ou se ganhou um aumento antes do outro. Não é que eles queiram o tapete, ou o assistente, ou o aumento, mas o que importa é o reconhecimento de sua "posição junto ao pai".
>
> O diretor é inevitavelmente uma figura paternal. Para ser um bom pai, seja para seus filhos, seja para seus companheiros de trabalho, é preciso que ele seja compreensivo, que tenha consideração e que seja humano ao ponto de tornar-se *afetuoso*.

Nos primeiros tempos de nossa agência, eu trabalhava lado a lado com todos os empregados; comunicação e afeição eram fáceis. Mas, com o crescimento de nossa brigada, acho isso mais difícil. Como posso ser uma figura paternal para pessoas que não me conhecem nem de vista? Minha agência emprega hoje 497 homens e mulheres. Descobri que eles têm uma média de 100 amigos cada — um total de 49.700 amigos. Se eu contar ao meu pessoal o que estamos realizando na agência, no que acreditamos, quais são as nossas ambições, eles contarão para seus 49.700 amigos. E isso nos dará 49.700 torcedores da Ogilvy, Benson & Mather.

Portanto, uma vez por ano reúno todo o pessoal no auditório do Museu de Arte Moderna, e faço para eles um relatório sincero de nossas operações, lucros e tudo o mais. Então eu lhes descrevo o tipo de comportamento que admiro, nestes termos:

(1) Admiro as pessoas que trabalham duro, que enfrentam a batalha. Detesto os passageiros que não trabalham para carregar seu próprio peso no barco. É mais divertido estar com excesso de trabalho que com trabalho de menos. Existe um fator econômico inerente ao trabalho duro: quanto mais você trabalha, de menos empregados precisamos, e mais lucro realizamos. Quanto mais lucro realizamos, mais dinheiro haverá para todos nós.

(2) Admiro pessoas com cérebro de primeira classe, porque não se pode administrar uma grande agência de publicidade sem pessoas inteligentes. Mas a inteligência não é o suficiente, a menos que esteja combinada com *honestida le intelectual*.

(3) Tenho uma regra rígida contra o emprego de "afilhados" e esposas, porque eles alimentam a politicagem. Toda vez que dois de nossos funcionários se casam, um deles tem que ir embora — preferivelmente a mulher, para ir cuidar do seu bebê.

(4) Admiro as pessoas que trabalham com prazer. Se você não gosta do que está fazendo, peço que procure outro emprego. Lembre-se do provérbio escocês: "Seja

feliz enquanto está vivo, porque você vai ficar morto por muito tempo."

(5) Desprezo os puxa-sacos que bajulam os seus chefes; eles são geralmente as mesmas pessoas que infernizam os seus subordinados.

(6) Admiro os profissionais autoconfiantes, os artesãos que fazem o seu trabalho com excelência superlativa. Eles parecem respeitar sempre a competência de seus colegas. Eles não espezinham ninguém.

(7) Admiro as pessoas que contratam subordinados suficientemente bons para sucedê-las. Tenho pena das pessoas que se sentem tão inseguras que são compelidas a contratar seres inferiores como seus subordinados.

(8) Admiro as pessoas que desenvolvem os seus subordinados, porque essa é a única maneira pela qual podemos promover dentro de nossas próprias fileiras. Detesto ter que ir fora da agência em busca de gente para cargos importantes, e almejo o dia em que isso nunca será necessário.

(9) Admiro as pessoas com maneiras gentis que tratam os outros como seres humanos. Abomino as pessoas briguentas. Abomino as pessoas que alimentam guerras de papel. A melhor maneira de manter a paz é ser cordial. Lembre-se de Blake:

> Eu estava furioso com o meu amigo.
> Contei-lhe a minha raiva, a minha raiva passou.
> Eu estava furioso com o meu inimigo.
> Eu não lhe disse nada, a minha raiva cresceu.

(10) Admiro as pessoas organizadas que entregam seu trabalho no prazo. O Duque de Wellington nunca

foi para casa sem ter antes terminado todo o trabalho que estava em sua mesa.

Tendo revelado ao meu *staff* o que dele espero, então lhes digo o que espero de mim mesmo:

(1) Tento ser justo e firme, tomar decisões impopulares sem covardia, criar uma atmosfera de estabilidade e ouvir mais do que falar.

(2) Tento sustentar o "pique" da agência — seu fermento, sua vitalidade, seu impulso para a frente.

(3) Tento construir a agência pela conquista de novas contas. (Nesse momento, os rostos atentos na minha audiência parecem filhotes de passarinhos esperando que o pássaro-pai os alimente.)

(4) Tento conquistar a confiança dos nossos clientes ao nível mais alto.

(5) Tento fazer lucro suficiente para manter vocês todos longe da penúria na velhice.

(6) Planejo nossas políticas de longo prazo.

(7) Tento recrutar pessoas da mais alta qualidade para todos os níveis, a fim de constituir o *staff* mais quente no ramo da publicidade.

(8) Tento extrair o melhor de cada homem e mulher da agência.

Administrar uma agência exige vitalidade e resiliência suficientes para defender o indivíduo contra a frustração da derrota. Afeição pelos seus companheiros e tolerância para com seus pontos fracos. Gênio para compor as rivalidades fraternas. Um olho infalível para reconhecer as grandes oportunidades. E moralidade

— pessoas que trabalham em agências de publicidade podem sofrer sérios golpes em seu *esprit de corps* se surpreenderem o seu líder em atos inescrupulosos de oportunismo.

Acima de tudo, o líder de uma agência deve saber delegar. Isso é mais fácil de dizer do que de cumprir. Os clientes não gostam que o atendimento de sua conta seja delegada a principiantes, da mesma forma que os pacientes nos hospitais não gostam que os doutores os entreguem para os estudantes de medicina.

Na minha opinião, a delegação tem sido levada longe demais em algumas das grandes agências. Seu pessoal mais alto se retira para a administração, deixando todo o contato com os clientes para os *juniors*. Esse processo constrói grandes agências, mas leva à mediocridade na *performance*. Eu não tenho a ambição de presidir sobre uma vasta burocracia. Por isso, temos apenas dezenove clientes. A busca da excelência é menos lucrativa que a busca do tamanho, mas pode ser mais satisfatória.

O ato de delegar freqüentemente resulta em interpor um capataz entre o líder da agência e seu pessoal. Quando isso acontece, os empregados se sentem como crianças cuja mãe as deixa entregues aos cuidados carinhosos de uma babá. Mas eles se conformam com a separação quando descobrem que as babás são mais pacientes, mais acessíveis e mais competentes do que eu.

Meu sucesso ou fracasso no comando de uma agência depende mais que tudo de minha habilidade em encontrar gente que possa criar grandes campanhas. Homens com fogo em suas entranhas. A criatividade tornou-se tema de estudos formais dos psicólogos. Se eles conseguirem identificar as características dos indivíduos criativos, irão colocar em minhas mãos um teste psicométrico para selecionar jovens que possam ser treinados para tornarem-se grandes criadores de campanhas. O Dr. Frank Barron, do Instituto de Estudos da Personalidade da Universidade da Califórnia, fez uma promissora pesquisa nessa área. Suas conclusões são semelhantes às minhas observações particulares:

Pessoas criativas são especialmente observadoras e valorizam a observação acurada (dizendo a si mesmas a verdade) mais do que outras pessoas.

Freqüentemente expressam verdades parciais, mas fazem isso brilhantemente; a parte que eles expressam é geralmente desconhecida; pela mudança na tônica e pela aparente desproporção nas afirmativas, eles buscam apontar para o que normalmente não é observado. Eles vêem coisas como os outros vêem, mas também como os outros não vêem.

Nascem com uma grande capacidade mental; têm mais habilidade para lidar com muitas idéias ao mesmo tempo e para comparar mais idéias com uma outra — conseqüentemente fazem uma síntese mais rica.

Eles são por constituição mais vigorosos e têm, disponíveis, reservas excepcionais de energia psíquica e física.

Seu universo é, então, mais complexo; e ainda por cima eles quase sempre vivem vidas mais complexas.

Eles têm mais contato com a vida do inconsciente do que a maioria das pessoas — contato com a fantasia, o sonho, o mundo da imaginação.*

Enquanto eu espero que o Dr. Barron e seus colegas sintetizem as suas observações clínicas em testes psicométricos formais, tenho que confiar em técnicas mais antiquadas e empíricas para detectar os dínamos criativos. Sempre que vejo um anúncio ou um comercial marcante, procuro descobrir quem o escreveu. Ligo para o redator e cumprimento-o pelo seu trabalho. Uma pesquisa demonstrou que o pessoal criativo preferiria trabalhar na Ogilvy, Benson & Mather a trabalhar em qualquer outra agência. Por isso, meu telefonema freqüentemente gera uma solicitação para um emprego.

Peço então ao candidato que mande os seis melhores anúncios e comerciais que já escreveu. Isso revela entre outras coisas se ele é capaz de reconhecer um grande anúncio quando o vê, ou se é apenas o instrumento de um hábil supervisor. Às vezes, visito

---

* "The Psychology of Imagination", por Frank Barron, *Scientific American* (setembro de 1958).

minha vítima em sua casa. Dez minutos depois de cruzar a soleira, posso dizer se ele tem uma mente ricamente equipada, que espécie de gosto ele tem e se é feliz o suficiente para agüentar as pressões.

Recebemos centenas de pedidos de emprego todos os anos. Interesso-me particularmente por aqueles que vêm do Meio-Oeste.

Prefiro contratar um jovem ambicioso de Des Moines a um custoso fugitivo de uma agência da moda em Madison Avenue. Quando eu observo estes figurões, friamente corretos e terrivelmente aborrecidos, recordo-me da obra de Roy Campbell *On Some South Africa Novelists*:

> Você louva a firme contenção com que eles escrevem.
> Eu concordo com isso, é claro.
> Eles usam muito bem o freio e o bridão...
> Mas onde está o maldito cavalo?

Dou atenção especial aos pedidos vindos da Europa Ocidental. Alguns dos nossos melhores redatores são europeus. Eles são bem-educados, trabalham duro, são menos convencionais e mais objetivos no seu *approach* ao consumidor americano.

Publicidade é um negócio de *palavras*, mas as agências estão infestadas de homens e mulheres incapazes de escrever. Eles não conseguem escrever anúncios e não conseguem escrever planos. São tão inúteis quanto surdos-mudos no palco do Metropolitan Opera.

É triste que a maioria dos homens responsáveis pela publicidade hoje, tanto nas agências quanto nos clientes, sejam tão convencionais. O mundo dos negócios quer publicidade brilhante, mas dá as costas para o tipo de pessoa que pode produzi-la. É por isso que a maioria dos anúncios são terrivelmente chatos. Albert Lasker fez 50 milhões de dólares com a publicidade, em parte porque conseguiu suportar os modos atrozes de seus grandes redatores — John E. Kennedy, Claude C. Hopkins e Frank Hummert.

Algumas das agências gigantescas são administradas, agora, por zeladores da segunda geração que ascenderam ao topo de sua organização porque eram contatos polidos. Mas os cortesãos jamais conseguem criar campanhas poderosas. A triste verdade é que, apesar do aparato sofisticado das agências modernas, a publicidade não está conseguindo os resultados que costumava conquistar nos dias crus de Lasker e Hopkins. Nosso negócio necessita de maciças transfusões de talento. E talento, eu acredito, é mais fácil de ser encontrado entre os não-conformistas, os dissidentes e os rebeldes.

Há não muito tempo, a Universidade de Chicago convidou-me para participar de um seminário sobre Organização Criativa. A maioria dos outros participantes eram eruditos professores de psicologia, que se ocuparam do estudo do que eles chamam de CRIATIVIDADE. Sentindo-me como uma mulher grávida numa convenção de obstetras, contei-lhes o que havia aprendido sobre o processo criativo, a partir de minha experiência de chefe de 63 redatores e artistas.

O processo criativo exige mais do que a razão. O pensamento mais original não é nem mesmo verbal. Exige "uma experimentação que apalpe as idéias no escuro, governada por toques intuitivos e inspirada pelo inconsciente". A maioria dos homens de negócios são incapazes de pensar com originalidade porque são incapazes de escapar da tirania da razão. Sua imaginação está bloqueada.

Sou praticamente incapaz de um pensamento lógico, mas desenvolvi técnicas para manter aberta a linha telefônica com o meu inconsciente, caso este repositório desordenado tenha alguma coisa para dizer. Ouço muita música, vivo em termos amistosos com John Barleycorn. Tomo longos banhos quentes. Pratico jardinagem. Permito-me retiros entre os amish.* Observo os pássaros. Faço longas caminhadas no campo. E tiro férias freqüentemente, para que meu cérebro possa descansar — nada de golfe, nada de festas, nem de tênis, nem de bridge, nem de concentração; somente uma bicicleta.

Enquanto me dedico assim a fazer nada, recebo uma corrente constante de telegramas do meu inconsciente — que se tornam a

---

* População de hábitos frugais, severos e muito conservadores, que vive na região da Pensilvânia onde D.O. foi fazendeiro. (N. T.)

matéria-prima para meus anúncios. Mas algo mais é exigido: trabalho duro, mente aberta e uma curiosidade indomável.

Muitas das maiores criações do homem foram inspiradas pelo desejo de fazer *dinheiro*. Quando George Frederick Haendel estava quebrado, trancou-se por 21 dias e emergiu com a composição completa do *Messias* — e acertou no milhão. Poucos dos temas do *Messias* eram originais; Haendel buscou-os no fundo do seu inconsciente, onde eles estavam depositados desde que ele os ouvira nas obras de outros compositores, ou desde que ele os compusera para suas próprias óperas esquecidas.

Ao final de um concerto no Carnegie Hall, Walter Damrosch perguntou a Rachmaninoff que pensamentos sublimes tinham passado por sua mente enquanto ele fitava o auditório durante a execução do seu concerto. "Eu estava calculando a bilheteria", respondeu Rachmaninoff.

Se os estudantes de Oxford fossem *pagos* por seu trabalho, eu teria realizado milagres de desempenho nos estudos e me tornado Professor Emérito de História Moderna. Foi somente quando provei o gosto do lucro em Madison Avenue que comecei a trabalhar seriamente.

No mundo moderno dos negócios é inútil ser um pensador criativo e original, a menos que você possa também *vender* o que cria. Não se pode esperar que a administração reconheça uma boa idéia, a menos que ela lhe seja apresentada por um bom vendedor. Em meus catorze anos na Madison Avenue, fui incapaz de vender apenas uma de minhas grandes idéias. (Eu queria que a International Paper oferecesse seus 26 milhões de acres de florestas ao público, para camping, caça, pescaria, passeios e observação de pássaros. Sugeri que esse gesto sublime se igualaria às bibliotecas de Carnegie e à Fundação Rockefeller, como um ato de generosidade histórica. Era uma boa idéia, mas não consegui vendê-la.)

Finalmente, tenho observado que nenhuma organização criativa, seja ela um laboratório de pesquisa, uma loja, uma cozinha em Paris ou uma agência de publicidade, produzirá um conjunto notável de trabalho, *a menos que seja liderada por um indivíduo formidável*. O Laboratório Cavendish, em Cambridge, foi grande por causa de Lorde Rutherford. O *New Yorker* foi grande por causa de Ross. O Majestic foi grande por causa de Pitard.

Nem todo o mundo gosta de trabalhar no ateliê de um mestre. As implicações da dependência corroem suas entranhas, até que eles concluem:

> Reinar é uma ambição válida mesmo no Inferno:
> Melhor reinar no Inferno que servir no Paraíso.

Então eles deixam o meu ateliê somente para descobrir que o seu Paraíso estava perdido. Algumas semanas depois de ter partido, um desses pobres companheiros escreveu-me: "Quando deixei sua agência, eu estava preparado para sentir alguma tristeza. O que senti foi aflição. Eu nunca me senti tão desolado em toda a minha vida. Suponho ser este o preço que alguém tem que pagar pelo privilégio de ter pertencido a uma elite. Há muito poucas delas por aí."

Quando um homem bom vai embora, seus colegas ficam se perguntando por que, e geralmente suspeitam que ele foi maltratado pela administração. Descobri recentemente uma maneira de prevenir esses mal-entendidos. Quando meu jovem redator-chefe demitiu-se para tornar-se *vice-chairman* de outra agência, eu e ele trocamos cartas no estilo de um ministro resignando-se perante o primeiro-ministro, e elas foram publicadas em nossa revista interna. O querido desertor me escreveu:

> "Você deve aceitar a culpa pelo que sou como homem de publicidade. Você me inventou e me ensinou tanto, que eu nem sei... Você certa vez disse que deveria ter-me cobrado uma taxa pela instrução, todos estes anos, e isso é verdade".

Respondi no mesmo tom:

> "Foi uma grande experiência observar você crescer ao longo destes onze curtos anos, de um redator calouro a chefe de redação. Você tornou-se um dos melhores construtores de campanhas. Você trabalha duro, você trabalha rápido. Sua vitalidade e resiliência tornam

possível que você permaneça calmo e alegre — *conta-giantemente* alegre — diante das atribulações que assolam os chefes de redação."

Poucos dos grandes criadores têm personalidade agradável. Eles são egotistas rixentos, o tipo de homem indesejável na corporação moderna. Considere Winston Churchill. Ele bebia como um peixe, foi caprichoso e obstinado. Quando contrariado, mergulhava no mau humor. Era rude com os pobres de espírito. Era selvagemente extravagante. Chorava à menor provocação. Sua conversação era rabelaisiana. Não tinha consideração com seu pessoal. Entretanto, Lorde Alanbrooke, seu chefe de gabinete, escreveu:

> Sempre me recordarei dos anos em que trabalhei com ele como alguns dos mais difíceis e desagradáveis de minha vida. Por isso, agradeço a Deus ter-me dado a oportunidade de trabalhar ao lado de tamanho homem, e por ter tido os olhos abertos para o fato de que, de vez em quando, existem na Terra alguns super-homens.

II

Como Conquistar Clientes

Há quinze anos, eu era um obscuro plantador de tabaco na Pensilvânia. Hoje, presido uma das melhores agências de publicidade dos Estados Unidos, com um faturamento de 55 milhões de dólares por ano, uma folha de pagamento de 5 milhões de dólares e escritórios em Nova York, Chicago, Los Angeles, San Francisco e Toronto.

Como é que isso aconteceu? Como dizem meus amigos amish: "Isto me intriga".

Num dia de 1948 em que abri minha tenda de trabalho, emiti a seguinte Ordem do Dia:

Esta é uma agência nova, lutando para viver. Por algum tempo deveremos ter excesso de trabalho e escassez de salário.

Nas contratações a ênfase estará nos jovens. Estamos à procura de jovens corajosos. Não tenho lugar para puxa-sacos ou mercenários. Estou à caça de cavalheiros com cérebros.

As agências são tão grandes quanto merecem ser.

Estamos começando a nossa do nada, mas vamos torná-la uma grande agência antes de 1960.

No dia seguinte, fiz uma lista dos cinco clientes que eu mais desejava: General Foods, Bristol-Myers, Campbell Soup Company, Lever Brothers e Shell.*

Nos velhos tempos não era raro que anunciantes de tal magnitude contratassem agências sem fama. Quando o presidente de uma agência gigantesca solicitou a conta dos cigarros Camel, prometeu colocar *trinta* redatores a seu serviço, mas o sagaz presidente da Reynolds replicou: *"Que tal colocar um bom?"*. E entregou sua conta para um jovem redator chamado Bill Esty, em cuja agência ela ficou por vinte anos.

Em 1937, Walter Chrysler deu a conta do Plymouth para Sterling Getchel, que tinha apenas 32 anos. Em 1940 Ed Little entregou a maior parte da conta da Colgate para um "azarão" chamado Ted Bates. A General Foods descobriu a Young & Rubicam quando a agência tinha apenas um ano de idade. Escrevendo depois de aposentar-se, John Orr Young, um dos fundadores da Young & Rubicam, ofereceu este conselho aos industriais em busca de uma agência:

> Se você tiver a sorte de encontrar alguns jovens com aquela energia especial e a ousadia que os leva a montar um negócio próprio, você se beneficiará por ter essas qualidades incalculavelmente valiosas a seu serviço.
>
> É fácil ser encantado por quilômetros de mesas, departamentos e outros acessórios das grandes agências. O que conta é a verdadeira razão de ser da agência, a *potência criativa*.
>
> Grandes êxitos na publicidade foram conquistados pelos anunciantes que se beneficiaram do incentivo, da ambição e da energia de uma organização publicitária em processo de construir uma reputação.

---

* Escolher alvos tão importantes foi um ato de tresloucada presunção, mas todas as cinco são hoje clientes da Ogilvy, Benson & Mather.

Esses grandes anunciantes procuraram comprar o serviço de sua agência de publicidade num mercado em crescimento, durante os anos pioneiros do agente, ou seu período pré-adiposo.*

Na época em que surgi em cena, os grandes anunciantes tinham se tornado mais cautelosos. Deus tinha se bandeado para o lado dos grandes batalhões. Stanley Resor, que era o presidente da J. Walter Thompson desde 1916, advertiu-me: "A concentração da indústria em grandes corporações está se refletindo no mundo da publicidade. As grandes contas exigem atualmente um espectro de serviços tão amplo que só as grandes agências podem atendê-las. Por que você não abandona seu sonho impossível e se junta a J. Walter Thompson?"

Para as novas agências que estão a ponto de se lançar à conquista de seus primeiros clientes, deixo como legado a argumentação que funcionou como mágica nos meus velhos dias. Eu costumava sugerir aos clientes em perspectiva que ponderassem sobre o ciclo de vida de uma agência típica, o inevitável padrão de ascensão e declínio, da dinamite à putrefação:

De tantos em tantos anos, nasce uma grande nova agência. Ela é ambiciosa, trabalhadora, cheia de dina-mite. Ela tira contas das velhas agências preguiçosas. Ela faz um grande trabalho.

Os anos passam, os fundadores ficam ricos e cansa-dos. Seu fogo criativo se apaga. Eles se tornam vulcões extintos.

A agência pode continuar a prosperar. Seu impulso original ainda não se esgotou. Ela tem contatos podero-sos. Mas tornou-se muito grande. Produz campanhas rotineiras, chatas, baseadas no eco das antigas vitórias. Começa a decadência. A ênfase muda para os serviços colaterais, para disfarçar a falência criativa da agência.

---

* John Orr Young, *Aventuras na Publicidade*, Harper, 1948.

Neste estágio, ela começa a perder contas para agências novas, cheias de vitalidade; iniciantes implacáveis que trabalham duro e põem toda a sua dinamite em seus anúncios.

Todos nós podemos citar agências famosas que estão moribundas. Você ouve rumores desmoralizantes em seus corredores, muito antes que a verdade chegue aos ouvidos de seus clientes.

Nessa altura eu podia perceber meu cliente em perspectiva lutando para esconder o fato de que eu tinha tocado no nervo. Estaria eu descrevendo a sua agência moribunda?

Hoje, catorze anos depois, fico chocado com esse estratagema vil. O meu tio erudito, *Sir* Humphry Rolleston, costumava dizer sobre os médicos: "Primeiro eles *tomam impulso*, depois conquistam a *glória*, depois *tornam-se honestos*." Atualmente estou me aproximando do estágio da honestidade e a manteiga já não se derreteria em minha boca. Mas tudo parecia diferente quando minha conta bancária estava vazia. Assim como explanava o Rei Pirata, de Gilbert:

Quando eu parto em busca da minha presa,
Sirvo-me como os reis se servem:
Eu afundo mais navios, é verdade,
Do que um monarca de boa estirpe faria;
Mas muitos reis, em tronos de primeira classe,
Se querem fazer com que suas coroas sejam suas
    mesmo,
São obrigados de alguma forma a envolver-se
Com trabalho mais sujo do que eu jamais me envolvo.

Seguindo o conselho de Henry Ford a seus revendedores, de que eles deveriam "fazer ofertas em visitas pessoais", comecei solicitando as contas de anunciantes que não usavam nenhuma agência, admitindo que me faltavam credenciais para deslocar alguma agência que tivesse a conta. Meu primeiro alvo foi a Wedgwood Porcelanas, que investia cerca de 40.000 dólares por ano. O Sr. Wedgwood e sua gerente de publicidade receberam-me com grande gentileza.

"Não gostamos de agências", disse ela. "Elas só servem para trazer aborrecimentos. Assim, nós preparamos nossos próprios anúncios. Você vê algum erro neles?"

"Pelo contrário", respondi, "eu os admiro. Mas se você permitir apenas que eu compre o espaço para sua empresa, as revistas me darão uma comissão. Não haverá custo para os senhores, e eu prometo que jamais voltarei a incomodá-los."

Hensleigh Wedgwood é um homem gentil, e na manhã seguinte escreveu uma carta formal de nomeação, à qual eu respondi com um telegrama que soava como um repicar de sinos.* Nós estavámos no negócio.

Mas meu capital era de apenas 6.000 dólares e isso era apenas o necessário para manter-me à tona até que chegassem as primeiras comissões. Felizmente para mim, meu irmão mais velho, Francis, era então o diretor geral da Mather & Crowther Ltd., uma agência venerável e afamada em Londres. Ele veio em meu socorro, persuadindo seus sócios a aumentar meu capital e a emprestar-me seu nome. Meu velho amigo Bobby Bevan, da S. H. Benson Ltd., outra agência inglesa, veio em seguida, e *Sir* Francis Meynell conseguiu que *Sir* Stafford Cripps autorizasse o investimento transatlântico.

Bobby e Francis insistiram em que eu encontrasse um americano para a presidência da agência. Eles não acreditavam que um seu compatriota pudesse persuadir os industriais americanos a entregar-lhe qualquer negócio. Seria absurdo esperar que um inglês, ou mesmo um escocês, fosse bem-sucedido na publicidade americana. Publicidade não fazia parte do talento britânico. Pior ainda, os britânicos sempre detestaram a própria idéia de fazer publicidade. Como *Punch* comentou em 1848: "Vá lá que sejamos uma nação de comerciantes, tanto quanto nos agrade, mas não há necessidade de que nos tornemos uma nação de publicitários."

---

* "*A Full Peel of Kent Treble Bob Mayor*". Em sua sonoridade original o telegrama de Ogilvy assemelhava-se a um repicar de sinos. (N. T.)

Dentre os 5.500 Cavaleiros, Baronetes e Pares do Reino que vivem hoje, apenas *um* é profissional de publicidade.

(O preconceito contra a publicidade e os seus praticantes é menor nos Estados Unidos. Neil McElroy, um antigo gerente de publicidade da Procter & Gamble, foi nomeado Secretário da Defesa na administração Eisenhower. Chester Bowles graduou-se na Madison Avenue para tornar-se governador de Connecticut, Embaixador na Índia e subsecretário de Estado. Mas, mesmo nos Estados Unidos, é raro que homens de publicidade sejam nomeados para cargos importantes no Governo. É uma pena, pois alguns deles são mais bem-dotados que a maioria dos advogados, professores, banqueiros e jornalistas favorecidos. Homens de publicidade experientes estão mais bem equipados para definir problemas e oportunidades, para definir objetivos a curto e a longo prazos, para medir resultados, para liderar grandes grupos de executivos, para fazer apresentações lúcidas a comitês e para operar dentro da disciplina de um orçamento. A observação dos meus antecessores e dos que são melhores do que eu, em outras agências de publicidade, leva-me a crer que são, em maioria, mais objetivos, mais organizados, mais rigorosos e mais trabalhadores do que os profissionais do seu nível na advocacia, no magistério, nos bancos e no jornalismo.)

Eu tinha muito pouco a oferecer ao tipo de executivo americano que estaria qualificado para dirigir uma agência. Entretanto, depois de procurar por alguns meses, convidei Anderson Hewitt a deixar o escritório de Chicago da J. Walter Thompson e tornar-se meu chefe. Ele foi um dínamo de energia, ficava imperturbável na presença dos nababos, e tinha ligações cuja influência me dava água na boca.

Em um ano Andy Hewitt trouxe duas esplêndidas contas. Com o auxílio de John La Farge, contratado como nosso redator-chefe, conquistou a Sunoco. E três meses depois seu sogro, Arthur Page, convenceu o Chase Bank a nos contratar. Quando nosso capital terminou, Andy Hewitt persuadiu a J. P. Morgan & Company a nos emprestar 100.000 dólares, sem garantias, exceto a confiança de seu tio Leffingwell, que era então o *chairman* do Morgan.

Lamentavelmente, minha associação com Andy não era muito feliz. Tentamos esconder do *staff* nossas diferenças, mas as crianças sempre sabem quando os seus pais estão em crise. Após quatro anos de discórdia, exacerbada por nosso sucesso meteórico, a agência começou a dividir-se em duas facções. Depois de muito sofrimento para todos os envolvidos, Andy demitiu-se e tornei-me o presidente da agência. Consolei-me com o fato de que ele partiu para grandes realizações em outras agências, sem o estorvo de um sócio insuportável.

Quando abrimos nossa agência, entramos em competição com 3.000 outras. Nosso primeiro trabalho foi sair da obscuridade, de modo que os clientes em perspectiva pudessem incluir-nos em suas listas de compras. O sucesso chegou mais depressa do que eu teria ousado esperar, e talvez seja útil para outros aventureiros que eu conte como nós o conseguimos.

Primeiro, convidei dez repórteres da imprensa especializada em publicidade para um almoço. Descrevi para eles a minha desatinada ambição de construir uma grande agência a partir do nada. Daí em diante, eles me deram preciosas dicas de novos negócios e publicaram todo e qualquer *release* que eu lhes mandei, por mais trivial que fosse; Deus os abençoe. Rosser Reeves reclamou, dizendo que ninguém ia ao banheiro na nossa agência sem que a notícia aparecesse na imprensa especializada.

Em segundo lugar, segui o conselho de Edward L. Bernays de não fazer mais de duas palestras por ano. Cada palestra que eu fazia era calculada para provocar a maior agitação possível na Madison Avenue. A primeira foi uma palestra para o Clube de Diretores de Arte, na qual despejei tudo que sabia sobre o grafismo na publicidade. Antes de voltar para casa, dei para cada diretor de arte da minha platéia uma lista mimeografada de 39 regras para fazer bons *layouts*. Essas velhas regras ainda circulam na Madison Avenue.

Na conferência seguinte, denunciei o vazio dos cursos de publicidade oferecidos nas faculdades e doei 10.000 dólares para ajudar a fundar uma escola de publicidade que outorgaria diplomas para o exercício da profissão. Essa proposta idiota ganhou as primeiras páginas. Logo a imprensa especializada começou a me chamar para dar opiniões sobre a maioria dos assuntos que aparecessem. Eu sempre falei o que bem entendia, e sempre fui citado.

Em terceiro lugar, fiz amigos entre os homens cujo trabalho os punha em contato com os grandes anunciantes — pesquisadores, consultores de relações públicas, engenheiros de administração e vendedores de espaço. Eles me viam como uma fonte possível de futuros negócios para si mesmos, mas tudo o que conseguiram foi reafirmar os méritos da nossa agência.

Em quarto lugar, eu mandava freqüentes relatórios para seiscentas pessoas em todas as áreas. Essa barragem de mala direta foi lida pelos mais augustos anunciantes. Por exemplo, quando solicitei uma parte da conta da Seagram, Sam Bronfman repetiu para mim os dois últimos parágrafos de um discurso de dezesseis páginas que eu lhe enviara pouco tempo antes e contratou-nos.

Gentil leitor, se você está chocado com estas confissões de autopromoção, eu só posso argumentar que se tivesse me comportado de maneira mais profissional, teria levado vinte anos para chegar lá. Eu não tinha nem o tempo, nem o dinheiro para esperar. Eu era pobre, desconhecido e tinha pressa.

Enquanto isso, trabalhava do amanhecer até a meia-noite, seis dias por semana, criando campanhas para os clientes que contrataram a nossa agência recém-nascida. Algumas dessas campanhas fizeram parte da história da publicidade.

Nos primeiros tempos, agarrávamos qualquer conta que pudéssemos pegar — uma tartaruga de brinquedo, uma escova de cabelos patenteada, uma motocicleta inglesa. Mas sempre mantive o olho na minha lista de cinco alvos *blue-chip* e botei nossos magros lucros a trabalhar na construção do tipo de organização que, eu acreditava, iria finalmente atrair a atenção deles.

Sempre mostrei aos clientes em perspectiva o dramático crescimento que acontecia quando a Ogilvy, Benson & Mather tirava contas de agências antigas. "Em todos os casos criamos novos caminhos, e em todos os casos *as vendas cresceram*."

Mas nunca consegui ficar muito sério ao fazer essa declaração. Se as vendas de uma companhia não tivessem crescido mais de seis vezes nos 21 anos anteriores, seu crescimento teria sido inferior à média.

Algumas agências muito comuns tinham a boa sorte de ter em seus portfólios algumas contas muito comuns, em 1945. Tudo o que tiveram que fazer foi afivelar os cintos e serem elevadas a altitudes espetaculares na curva de uma economia que subia como um foguete. Uma agência precisa habilidade extraordinária para conquistar contas quando as vendas de todos estão explodindo; mas quando a economia é atacada por uma recessão, os velhos fósseis ficam paralisados, e novas agências vigorosas saltam para a frente.

Os primeiros clientes de uma agência são os mais difíceis de conquistar porque ela não tem credenciais, nenhuma história de sucesso, nenhuma reputação. Neste estágio, muitas vezes vale a pena especular, fazendo pesquisa piloto sobre algum aspecto do negócio do cliente em perspectiva. Raros industriais não terão sua curiosidade espicaçada se você se oferecer para mostrar-lhes os resultados de uma pesquisa desse tipo.

A primeira vez que o tentei, foi com Helena Rubinstein, que havia mudado de agência dezessete vezes nos 21 anos anteriores. Sua conta estava sendo atendida por uma agência que pertencia ao seu filho mais novo, Horace Titus. Nossa pesquisa especulativa revelou que sua publicidade era ineficaz. *Madame* Rubinstein não demonstrou interesse nos resultados da nossa pesquisa, mas quando exibi alguns anúncios baseados nela, a senhora aguçou os ouvidos demonstrando particular interesse nas fotografias de minha mulher, tiradas antes e depois de um tratamento no Salão Rubinstein. "Eu acho que sua mulher estava bem mais bonita *antes*", disse *Madame*.

Para minha surpresa Horace Titus aconselhou sua mãe a tirar a conta da sua agência e entregá-la para mim. Assim fez ela. Horace e eu nos tornamos amigos e continuamos sendo até sua morte, oito anos mais tarde.

Em 1958, fomos convidados pela Standard Oil de Nova Jersey para mostrar-lhes o tipo de publicidade que faríamos se nos contratassem. Dez dias depois, apresentei-lhes um balaio de catorze diferentes campanhas, e conquistei a conta. Além da sorte, a fertilidade e as noites maldormidas são as melhores ferramentas para usar na caça de novos negócios.

Gastamos 30.000 dólares numa apresentação especulativa para a Bromo Seltzer. Baseava-se na tese indiscutível de que a maioria das dores de cabeça são de origem psicossomática. Mas LeMoyne Billings, que era o gerente de publicidade da Bromo Seltzer, preferiu uma apresentação feita por Lennen & Newell.

Hoje em dia, não temos nem o tempo nem o estômago para preparar campanhas especulativas. Em vez disso, mostramos aos nossos *prospects* o que fizemos para outros clientes, explicamos nossas políticas, e apresentamos nossos chefes de departamentos. Tentamos nos revelar como realmente somos, com nossas verrugas e tudo. Se o cliente em perspectiva gosta da nossa aparência, ele nos contrata, se não gosta, nós ficamos melhor sem ele.

Quando a KLM Royal Dutch Airlines decidiu trocar de agência, convidaram a Ogilvy, Benson & Mather e outras quatro para preparar campanhas especulativas. Éramos os primeiros em seu *tour* de inspeção. Abri a reunião dizendo "Nós não preparamos nada. Em lugar disso, gostaríamos que os senhores nos contassem sobre os seus problemas. Depois, os senhores podem visitar as outras quatro agências de sua lista. Elas prepararam campanhas especulativas. Se vocês gostarem de qualquer uma delas, a escolha será fácil. Se não gostarem, voltem e contratem-nos. Então nós nos entregaremos à pesquisa que sempre precede a preparação de campanhas em nossa agência."

Os holandeses aceitaram essa gélida proposição, e cinco dias mais tarde, após terem assistido às campanhas especulativas preparadas pelas outras agências, voltaram e nos contrataram, para minha grande alegria.

Você não pode generalizar. Em alguns casos vale a pena apresentar anúncios especulativos, como no caso da Standard Oil e da Helena Rubinstein. Às vezes vale a pena ser a única agência que se recusa a fazê-los, como no caso da KLM. As agências mais bem-sucedidas em novos negócios são aquelas cujos porta-vozes mostram uma visão mais sensível do perfil psicológico do *prospect*. Rigidez e habilidade de venda não combinam.

Há um estratagema que parece funcionar na maioria dos casos. Deixe o *prospect* falar a maior parte do tempo. Quanto mais você escuta, mais inteligente ele pensa que você é. Certo dia, fui visitar Alexander Konoff, um velho russo que fizera uma fortuna fabricando zíperes. Depois de mostrar-me sua fábrica em Newark (onde cada departamento era fechado com zíperes para sacolas, de dois metros), ele me levou de volta para Nova York em seu Cadillac com motorista. Percebi que ele tinha um exemplar da *New Republic*, uma revista que raros clientes liam.

"O senhor é um democrata ou um republicano?", perguntei.

"Sou um socialista. Desempenhei papel ativo na Revolução Russa."

Perguntei-lhe se conhecera Kerensky.

"Não é *essa* revolução", murmurou. "É a Revolução de 1904. Quando eu era garoto, costumava caminhar oito quilômetros descalço na neve para ir trabalhar numa fábrica de cigarros. Meu nome verdadeiro é Kaganovitch. O FBI pensa que sou o irmão do Kaganovitch que está agora no Politburo. Eles estão enganados", e explodiu numa gargalhada. "Quando cheguei à América, trabalhava como maquinista em Pittsburgh, por 50 *cents* a hora. Minha mulher era bordadeira. Ela fazia 14 dólares por semana, mas nunca recebeu o pagamento."

O velho e orgulhoso milionário socialista prosseguiu contando-me que conhecera Lenin e Trotsky intimamente durante os dias de exílio deles. Escutei, e com isso conquistei a conta.

O silêncio pode ser de ouro. Há pouco tempo, o gerente de publicidade da Ampex veio ver-me, em busca de uma nova agência. Pela primeira vez em minha vida, eu almoçara bem demais, e perdera o poder da palavra. O máximo que consegui fazer foi indicar uma cadeira ao *prospect* e ficar olhando para ele de maneira inquisitiva. Ele falou por uma hora sem que eu o interrompesse. Pude notar que ele estava impressionado com minha atenção. Não é qualquer publicitário que fica tão taciturno nessas ocasiões. Então, para meu horror, ele fez uma pergunta: tinha eu porventura *ouvido* um gravador Ampex? Balancei a cabeça, demasiado abatido para poder falar.

"Bem, quero que você escute o nosso equipamento em seu lar. Ele vem em diferentes estilos. Como é decorada a sua casa?"

Encolhi meus ombros, não confiando em mim mesmo para falar.

"Moderna?"

Balancei minha cabeça; forte homem silencioso.

"Americano antigo?"

Outra vez balancei minha cabeça; águas paradas são profundas.

"Século dezoito?"

Balancei positivamente, mas mantive minha boca fechada. Uma semana depois, o Ampex chegou. Era magnífico, mas meus sócios acharam que a conta era muito pequena para ser lucrativa, e eu fui obrigado a recusá-la.

O atendimento das contas, depois que você as conquistou, é um assunto terrivelmente sério. Você está gastando o dinheiro de outras pessoas, e muitas vezes o destino da companhia é depositado em suas mãos. Mas eu acho a caça de novos clientes um esporte. Se você o praticar com seriedade demais, morrerá com úlceras. Se você o praticar com prazer, despreocupadamente, sobreviverá aos fracassos sem perder o sono. Jogue para vencer, mas divirta-se.

Na minha mocidade, eu vendia fogões na Exposição Ideal de Lares, em Londres. Cada venda exigia uma abordagem personalizada, que me custava 40 minutos. O problema estava em selecionar, dentre as multidões que ali circulavam, aqueles raros indivíduos suficientemente ricos para comprar o meu fogão, que custava 400 libras. Aprendi a percebê-los pelo *olfato*: eles cheiravam a cigarros turcos, um sinal de aristocracia, como uma gravata Old Etonian.

Mais tarde, desenvolvi técnicas similares para "farejar" grandes anunciantes dentre a multidão. Certa feita, saí de um banquete do Scottish Council, em Nova York, com o pressentimento de que quatro dos homens que tinha acabado de conhecer viriam a ser meus clientes algum dia. E isso acabou acontecendo.

A maior conta que já conquistei foi a da Shell. O pessoal da Shell gostava do que eu havia feito para a Rolls-Royce, a ponto de incluir-nos numa lista de agências a serem consideradas. Para cada agência mandaram um questionário longo e minucioso.

Acontece que eu deploro o hábito de selecionar agências por meio de questionário, e já destinei dúzias deles para a cesta de lixo. Quando uma companhia chamada Stahl-Meyer mandou-me um questionário, respondi: "Quem é Stahl-Meyer?". Contudo, passei uma noite em claro escrevendo as respostas para o questionário da Shell. Minhas respostas foram mais sinceras do que o costume, mas achei que deveriam causar uma impressão favorável a Max Burns, um conselheiro da New York Philharmonic, que era então o presidente da Shell — se, pelo menos, elas chegassem até ele. Na manhã seguinte, soube que ele fora para a Inglaterra, então voei para Londres e deixei uma mensagem no seu hotel, dizendo que gostaria de vê-lo. Por dez dias, não houve resposta. Eu estava quase perdendo a esperança, quando minha telefonista comunicou-me que *Mr.* Burns queria que eu almoçasse com ele no dia seguinte. Eu já me comprometera a almoçar com o Secretário de Estado para a Escócia, então mandei para Burns a seguinte nota:

> *Mr.* Ogilvy vai almoçar com o Secretário de Estado para a Escócia na Casa dos Comuns. Eles ficariam encantados se o senhor se juntasse a eles.

No caminho para a Casa dos Comuns — chovia a cântaros e nós repartimos um guarda-chuva — tive oportunidade de passar a Burns a essência de minhas respostas a seu questionário. De volta a Nova York, no dia seguinte, ele me apresentou ao homem que iria sucedê-lo como presidente da Shell —, o notável Dr. Monroe Spaght. Três semanas depois, Monty Spaght telefonou-me para comunicar que a conta era nossa. Fiquei tão deslumbrado com a grande notícia que minha impassibilidade me abandonou e eu pude apenas exclamar: "Deus nos ajude."

A contratação pela Shell forçou-nos a deixar de servir a Standard Oil de Nova Jersey. Eu gostava do pessoal de Jersey, e tinha orgulho do papel que desempenhara ao convencê-los a manter o soberbo programa de televisão *Play of the Week*. David Susskind comentou na *Life* que "se existisse no Congresso uma Medalha de Honra para Negócios, este patrocinador deveria ganhá-la". Mas quase ninguém sabia que, para garantir o patrocínio desse programa para a Jersey, fui obrigado a ceder toda a minha comissão de 15% para a Lorillard, fabricante dos cigarros Old Gold e Kent. A Lorillard havia comprado antecipadamente uma quota no programa em referência, e somente a oferta de conceder-lhes minha comissão (6.000 dólares por semana) persuadiu-a a ceder o lugar para a Jersey. Fiquei desapontado com a Jersey, que se recusou a compensar meu sacrifício. Nenhuma agência tem condições de trabalhar sem pagamento; em vista disso, transferi minha dedicação para a Shell.

Às vezes, cometo gafes desastrosas na busca de novos negócios. Quando conheci *Sir* Alexander H. Maxwell, presidente da British Travel & Holidays Association, precisávamos urgentemente de uma nova conta. Ele me esnobou de saída. "Nossa publicidade", disse ele, "é boa, na verdade muito boa. Eu não tenho a mais remota intenção de trocar de agência."

Respondi: "Quando Henrique VIII estava morrendo, era crença que o homem que ousasse contar-lhe a terrível verdade seria decapitado. Mas razões de Estado exigiam que fosse encontrado um voluntário e Henry Denny apresentou-se. O Rei Henrique ficou tão agradecido a Denny por sua coragem que deu-lhe um par de luvas e um título de nobreza. *Sir* Henry Denny foi meu ancestral. Seu exemplo me inspira a dizer-lhe que *a sua publicidade é muito ruim!*"

Maxwell explodiu, e nunca mais falou comigo. Mas, pouco tempo depois, ele nos entregou a conta da British Travel, com a condição de que eu não tivesse nenhuma participação nela, e por muitos anos meus companheiros tiveram que esconder o fato de que eu era o encarregado da conta. Nossa campanha foi tão bem-sucedida que em dez anos o número de visitantes americanos à Grã-Bretanha quadruplicou. Hoje, a Grã-Bretanha lucra mais com seus visitantes que qualquer outro país europeu, à exceção da Itália. "Para uma ilha pequena e úmida, isto é um belo e chocante sucesso", comentou *The Economist*.

No devido tempo, *Sir* Alexander Maxwell aposentou-se, e eu pude sair do esconderijo. O homem que hoje se senta em sua cadeira é Lorde Mabane, um antigo Ministro do Gabinete. Quando vou à Inglaterra, ele manda o seu carro para levar-me para Rye, onde vive na casa de Henry James. Certa feita, seu motorista espantou a minha mulher americana perguntando se ela não gostaria de chupar uma das suas *gomas*.*

Os clientes ingleses empregam assistentes esquisitos. O mordomo da casa de hóspedes da Rolls-Royce, perto de Derby, entrou em nosso quarto de dormir, numa manhã quente de verão, sem bater. Lá estava deitada minha mulher, em sono profundo. Encostando sua cara de lua no ouvido dela, ele gritou: "Ovos cozidos ou fritos, madame?"

A solicitação da conta da Armstrong Cork tomou um caminho bizarro. No começo eu consegui almoçar com Max Banzhaf, o gerente de publicidade, no seu clube de golfe em Lancaster, Pensilvânia. Nossa mesa tinha vista para o campo de dezoito buracos, e por duas horas Max regalou-me com histórias de golfe. Seu conceito dos publicitários parecia girar em torno da habilidade deles para bater em bolas de golfe. Compartilhava eu do seu amor pelo golfe?

Jamais estive num campo de golfe em minha vida. Mas, admiti-lo naquele momento teria destruído minhas chances de conquistar a conta. Então, murmurei uma evasiva ambígua, procurando dizer que eu não tinha tempo para jogos. Max sugeriu que disputássemos um circuito ali mesmo, na hora. Argumentei que não trouxera meus tacos.

"Eu lhe emprestarei os meus!"

Mas Max aceitou gentilmente a desculpa seguinte que apresentei, a qual tinha algo a ver com minha digestão. E, antes que eu fosse embora, explicou-me que o último empecilho restante ao êxito da minha solicitação estava no fato de que Henning Prentis, o seu *chairman*, era um velho e devotado amigo de Bruce Barton, cuja agência teve o monopólio da publicidade da Armstrong por quarenta anos.

No dia seguinte, a sorte interveio em meu favor: a Sociedade Donegal convidou-me para fazer uma palestra em sua reunião anual numa das mais antigas igrejas presbiterianas dos Estados Unidos. Eu ia falar do púlpito, e o Sr. Prentis estaria na congrega-

---

* Do inglês "gums"; chiclete fabricado pela Rowntree. (N. T.)

ção. Meu sermão foi marcado para o dia 23 de junho, aquele dia maravilhoso de verão em que meu avô, meu pai e eu nascemos.*

Escolhi como tema o papel de meus compatriotas na construção da América, sem me referir *diretamente* a um certo escocês da Madison Avenue:

> Certa feita, Ralph Waldo Emerson e Thomas Carlyle saíram a passeio por um campo da Escócia. Quando Emerson viu o solo árido em torno de Ecclefechan, perguntou a Carlyle: "O que vocês cultivam numa terra como essa?"
>
> Carlyle replicou: "Nós cultivamos *homens.*"
>
> Que classe de homens eles cultivam naquele pobre solo escocês? E o que acontece com eles quando vêm para os Estados Unidos?
>
> Eles trabalham duro. Eu cresci com o provérbio favorito de meu pai soando em meus ouvidos: "Trabalho duro nunca matou um homem".
>
> Patrick Henry era escocês, e John Paul Jones era filho de um jardineiro escocês. Allan Pinkerton veio da Escócia e criou o serviço secreto. Foi Pinkerton quem descobriu o primeiro complô para assassinar Lincoln, em fevereiro de 1861.
>
> Trinta e cinco juízes da Corte Suprema dos Estados Unidos foram escoceses. E uma quantidade de industriais, inclusive um que tanto tem contribuído para a prosperidade e a cultura do nosso próprio Condado de Lancaster — *Mr. Henning Prentis, da Armstrong Cork Company.*

De meu ponto privilegiado no púlpito, pude observar a reação do Sr. Prentis a esta apóstrofe. Ele não me pareceu descontente, e algumas semanas depois concordou em transferir parte da conta da Armstrong para nossa agência.

---

* Meu pai, certa feita, deu-me uma vantagem de 100 por 1, apostando que eu não continuaria esta notável série. Ainda não consegui.

De todas as disputas de novos negócios em que me engajei, a que teve maior número de concorrentes foi a da United States Travel Service. Nada menos do que 137 agências entraram no ringue. Nossas campanhas para a Grã-Bretanha e Porto Rico haviam sido tão bem-sucedidas que estávamos qualificados com destaque para anunciar os Estados Unidos como destino turístico.

Eu almejava contagiar meus companheiros europeus com minha própria paixão pelos Estados Unidos. Gastara minha vida anunciando pasta de dentes e margarina; que mudança bem-vinda seria anunciar os Estados Unidos!

Muitas das agências que competiam pela conta tinham influência política; eu não tinha nenhuma. Mesmo assim, fomos incluídos no grupo de seis agências finalistas e convidados a fazer uma apresentação em Washington.

O Secretário Assistente de Comércio, William Ruder — na vida privada um cidadão da Madison Avenue —, submeteu-me a um exame implacável, que trouxe à tona o único ponto fraco no meu caso: a falta de filiais em países estrangeiros.

Depois de ter feito mais de cem apresentações de novos negócios, eu conseguia perceber, ao final de uma reunião, se tinha vencido ou perdido. Naquela tarde eu sabia que tinha perdido, e voltei para Nova York sem esperanças.

Dez dias se passaram e não houve notícia. Fui consolado por meu *staff* e fizemos apostas sobre qual dos nossos competidores iria vencer. Então, numa manhã de sábado, fui despertado pela Western Union. O Secretário de Comércio havia designado a Ogilvy, Benson & Mather para fazer a campanha "Visite os Estados Unidos" na Grã-Bretanha, França e Alemanha.

Esse foi o mais glorioso telegrama que recebi, desde que Oxford havia telegrafado a notícia de minha bolsa de estudos em Christ Church, trinta anos antes. Cada anúncio que escrevo para a United States Travel Service é uma carta singela de um imigrante agradecido.

Antes que nossa campanha fosse lançada, avisei ao Departamento de Comércio que ela estava sujeita a atrair críticas.

A gritaria vai explodir quando nosso primeiro anúncio aparecer. *Seja lá o que* o anúncio diga ou não diga, estaremos sujeitos a críticas. Eu sei disso pela longa experiência com a publicidade de turismo para a Grã-Bretanha.

Mas, em última análise, nossa campanha só pode ser defendida ou atacada com base nos *resultados*.

A pesquisa revelou que nosso maior obstáculo era o fato de que os europeus fazem uma idéia exagerada do custo de uma visita aos Estados Unidos. Decidimos atacar o problema diretamente. Em vez de dizer de maneira imprecisa, inócua: "Você pode viajar à América por menos do que você supõe", demos um número específico: 35 libras por semana. Chegamos a ele após cuidadosa verificação. Por exemplo: antes de decidir qual seria o preço mínimo razoável para um quarto de hotel em Nova York, mandamos uma das nossas redatoras checar as camas no Hotel Winslow, que cobra seis dólares por noite. Ela as achou satisfatórias.

Mas os nossos críticos acharam que 35 libras por semana era uma quantia demasiadamente baixa. Eles não estavam conscientes das realidades do problema:

(1) As viagens da Europa eram anteriormente uma exclusividade dos homens de negócios com despesas pagas, e dos muito ricos. Era de vital importância alargar o mercado atraindo turistas com recursos mais modestos. Fort Knox estava vazando ouro e era urgente a necessidade de divisas.

(2) Enquanto mais da metade das famílias nos Estados Unidos tem renda superior a 5.000 dólares, apenas 3% das famílias na Inglaterra têm renda dessa magnitude. Portanto, era muito importante tornar o nosso produto acessível a eles ao mais baixo preço possível; de qualquer maneira, poderiam gastar mais, se quisessem.

(3) É melhor, argumentei, que europeus de renda média visitem os Estados Unidos, mesmo que tenham que economizar, do que deixem de vir; a emoção de ver Nova York, San Francisco e os grandes espaços abertos supera de longe quaisquer sacrifícios de economia. Os turistas estrangeiros trazem o dinheiro estrangeiro tão necessário, e a pesquisa mostra que quase todos voltam para casa com uma atitude favorável para com os Estados Unidos.

Nossos anúncios quebraram recordes de leitura quando apareceram nos jornais europeus, e produziram tantas consultas que os escritórios de Londres, Paris e Frankfurt da U.S. Travel Service tiveram que trabalhar noite adentro.

Nossa campanha despertou uma avalanche de publicações editoriais talvez sem precedentes na história da publicidade.

O *Daily Mail* mandou aos Estados Unidos seu principal repórter. Na primeira matéria, ele escreveu:

> Ao mesmo tempo que o Presidente Kennedy convidou a mim — e a todos os outros milhões de europeus — para experimentar as novidades do turismo nos Estados Unidos, ele emitiu uma diretiva secreta para 180 milhões de americanos para que fossem cordiais para conosco. Que outra explicação existirá para a desconcertante generosidade, a irresistível gentileza, a extrema cortesia que experimentamos a todo o momento?

O *Daily Express* instruiu seu correspondente em Nova York a escrever uma série de artigos sobre o assunto. Um editorial no *Manchester Guardian* referiu-se aos nossos anúncios como "famosos", quando apenas três deles haviam aparecido. O *Handelsblatt*, o principal jornal de finanças da Alemanha, escreveu: "Esta é uma campanha verdadeiramente confiável. A U.S. Travel Service lançou sua publicidade no mercado de turismo da Alemanha Ocidental com o soar de trombetas."

"O bom pudim só se prova comendo." Oito meses depois que nossa campanha se iniciou, o tráfego de turistas franceses nos Estados Unidos cresceu 27%; o de britânicos, 24%, e o de alemães, 18%.

Em 1956, participei de uma aventura fora do comum: uma solicitação em conjunto com outra agência. Ben Sonnenberg persuadiu Arthur Fatt, da Grey, e a mim próprio, a solicitar a conta da Greyhound Bus em conjunto. Especificou que eu deveria levantar a imagem das viagens em ônibus, enquanto a Grey deveria colocar os caipiras nas poltronas. Fatt e eu voamos para San Francisco, onde o pessoal da Greyhound Bus estava em convenção. Tão logo chegamos ao hotel, ele me mostrou sua apresentação. Seu departamento de pesquisa tinha penetrado no coração do problema e seus redatores tinham desenvolvido um *slogan* que acertava bem no alvo: "É um grande conforto tomar um ônibus e deixar para nós o trabalho de guiar." Chamei imediatamente o gerente de publicidade da Greyhound Bus ao telefone e convidei-o a nos encontrar no apartamento de Fatt.

"Arthur Fatt acaba de me mostrar a sua metade da nossa apresentação conjunta. É o que de melhor eu já vi. Eu o aconselho a dar a conta inteira para a Grey. Para tornar sua decisão mais fácil, estou voltando agora para Nova York."

Em seguida, saí do apartamento e a Grey foi indicada para a conta.

Nunca quis ter uma conta tão grande que não pudesse sobreviver à sua perda. No dia em que você o fizer, estará se obrigando a conviver com o medo. Agências assustadas perdem a coragem de dar conselhos honestos; se você perder esta condição, tornar-se-á um lacaio.

Foi isso que me levou a recusar o convite para disputar a conta do automóvel Edsel. Escrevi à Ford: "Sua conta representaria metade do nosso faturamento. Isso tornaria difícil mantermos nossa independência de aconselhamento." Se tivéssemos entrado na concorrência da Edsel, e se a tivéssemos vencido, a Ogilvy, Benson & Mather teria entrado pelo cano com a Edsel.

Nós nos damos a um penoso trabalho na seleção de nossos clientes. É verdade que escolhemos alguns que ainda não nos escolheram, mas perseveramos na sua busca, e rejeitamos uma média de 59 contas menos desejáveis, cada ano.

Em geral, não se reconhece que não existem suficientes agências de primeira classe à disposição. Por exemplo, quando os fabricantes de sabão reexaminaram suas 21 agências, restaram apenas duas que poderiam atender aos seus padrões de exigência.

Minha ambição é somar um cliente novo cada dois anos. Um crescimento mais rápido poderia forçar-nos a contratar mais pessoal mais depressa do que poderíamos treiná-los, e a desviar boa parte da nossa capacidade inteligente do serviço de nossos atuais clientes para a difícil tarefa de planejar as primeiras campanhas para os novos clientes. Eu procuro contas que atendam a dez critérios:

(1) O produto deve ser algo que nos orgulhemos de anunciar. Nas raras ocasiões em que anunciamos produtos de que particularmente não gostávamos, fracassamos. Um advogado pode ser capaz de defender um assassino que sabe ser culpado; um cirurgião pode sentir-se capaz de operar um homem de quem não gosta; mas a isenção profissional não funciona na publicidade. Um certo grau de comprometimento pessoal é exigido para que um redator possa vender um produto.

(2) Nunca aceito uma conta a menos que acredite que podemos fazer um trabalho melhor que o da agência anterior. Quando o *New York Times* convidou-nos para cuidar de sua publicidade, eu declinei, porque não achava que pudéssemos produzir anúncios melhores que aqueles, tão brilhantes, que vinham sendo publicados.

(3) Procuro ficar longe dos produtos cujas vendas venham caindo por um período prolongado, pois isso

quase sempre significa que existe uma fraqueza intrín-
seca no produto, ou que a administração da companhia é incompetente. Não há boa publicidade, em qualquer volume, que possa consertar qualquer dessas defi-
ciências. Não importa quão esfomeada possa estar uma
nova agência, ela deve ter autocontrole para rejeitar
contas moribundas. Um cirurgião com uma clínica estabelecida pode permitir-se que, ocasionalmente, um
paciente morra na mesa de operações, mas toda a carreira de um jovem cirurgião pode ser arruinada por tal
infortúnio. Eu vivia apavorado com que uma de nossas
contas morresse na nossa mesa de operações.

(4) É importante descobrir se o seu cliente em perspectiva quer que a sua agência tenha lucro. Tive a
miserável experiência de ajudar clientes a se tornarem
multimilionários, enquanto perdia minha última cami-
sa no seu serviço. O lucro médio realizado pelas agências de publicidade é hoje de menos da metade de 1%.
Caminhamos sobre um fio de navalha colocado entre
superservir nossos clientes e ir à falência, ou subservi-
los e sermos despedidos.

(5) Se a conta não tem condições de ser lucrativa,
dará ela a chance de criar publicidade notável? Nunca
tivemos muito lucro com a Guinness ou a Rolls-Royce,
mas elas nos deram oportunidades de ouro para demonstrar nossa excelência criativa. Não há meio mais
rápido para colocar uma nova agência no mapa. O único
perigo é que isso lhe dê uma reputação de desequilíbrio.
O mundo dos negócios assume que se uma pequena
agência demonstra talento para criar grandes anúncios,
deve ser fraca em pesquisa e em marketing. Dificilmente
as pessoas acreditam que se você estabelece altos padrões num departamento, também está preparado para
estabelecer altos padrões em todos os outros.

(Eu mesmo fui logo rotulado como um bom redator, mas um ignorante em todas as outras áreas. Isso me irritava, porque minha experiência anterior não era a redação, mas a pesquisa. Eu havia dirigido o Instituto de Pesquisa de Audiência para o Dr. Gallup.

O principal problema enfrentado pela maioria das agências é o de produzir boas campanhas. Redatores, diretores de arte, produtores de televisão é fácil encontrar, mas o número de homens que podem orientar todo o resultado criativo de uma agência — talvez uma centena de novas campanhas cada ano — pode ser contado nos dedos de uma mão. Esses fenômenos raros, esses "cisnes que cantam" devem ter capacidade para inspirar um bando heterogêneo de escritores e artistas; eles têm de ser julgadores seguros de campanhas para uma grande variedade de produtos. Devem ser bons apresentadores e têm de ter uma disposição colossal para trabalhar noite adentro.

Correu o rumor de que eu era uma dessas "aves raras", e ocorreu a diversas grandes agências que deveriam contratar-me, mesmo que, para ter-me, fosse preciso absorver minha agência inteira. Ao longo de três anos recebi ofertas desse tipo da J. Walter Thompson, McCann Erickson, BBDO, Leo Burnett e de cinco outras agências. Se tivesse ocorrido a alguma delas acenar-me com *ouro* eu teria sucumbido. Mas todas elas cometeram o erro de achar que eu estava mais interessado no "desafio criativo", seja lá o que for isso.)

Uma reputação de "viés criativo" desqualifica uma agência para a conquista de grandes contas. Mas é um risco que você deve assumir, caso queira fugir do anonimato. Só depois que Esty Stowell juntou-se a nós, em 1957, nossa agência começou a adquirir a reputação de ser forte em todos os departamentos. Ele fora vice-presidente executivo da Benton & Bowles, amplamente reconhecida como a melhor das agências na área de marketing. Ele era o símbolo de que precisávamos para contrastar com minha reputação de simples redator; e era também um homem muito competente. Com um suspiro de alívio, passei-lhe a administração de todos os departamentos da agência — exceto os criativos. Daí por diante, nossa agência começou a crescer em índices maiores.

(6) O relacionamento entre um empresário e sua agência de publicidade é quase sempre tão íntimo quanto o relacionamento entre um paciente e seu médico. Assegure-se de que você pode conviver com felicidade com o seu cliente em perspectiva, antes de aceitar a sua conta.

Quando um *prospect* vem visitar-me pela primeira vez, começo tratando de descobrir por que ele quer mudar de agência. Se eu vejo razão para suspeitar que ele tenha sido dispensado, procuro um amigo em sua agência anterior. Recentemente, descobri na última hora que um *prospect* tinha sido mandado embora: sua agência anterior contou-me que ele precisava mais de um psiquiatra que de uma agência.

(7) Evito clientes para quem a publicidade é apenas um fator marginal do *marketing mix*. Eles têm uma desagradável tendência a lançar mão dos seus orçamentos de publicidade toda vez que precisam de dinheiro para outros propósitos. Prefiro clientes para quem a publicidade é o sopro da vida. Sentimo-nos, então, operando no coração indispensável do negócio dos nossos clientes, e não em sua periferia supérflua.

Em geral, as contas mais lucrativas são as de produtos de baixo custo unitário, uso universal e compra freqüente. Eles geram grandes orçamentos e mais oportunidades para testes do que os produtos duráveis de alto preço.

(8) Nunca pego *novos* produtos antes que tenham saído do laboratório, a menos que estejam incluídos num grupo com outro produto que já tenha alcançado distribuição nacional. Sai mais caro para uma agência conduzir um produto através dos mercados-teste do que manejar um produto desenvolvido, e oito entre cada dez novos produtos morrem nos mercados-teste. Com uma margem de lucro de *meio por cento*, não podemos nos arriscar.

(9) Se você aspira produzir grande publicidade, nunca aceite *associações* como clientes. Há alguns anos, fomos convidados a competir pela Associação dos Fabricantes de Raiom. Apresentei-me pontualmente em sua sede e fui conduzido a uma imponente sala de reuniões.

"*Mr.* Ogilvy", disse o *chairman*, "estamos entrevistando algumas agências. Temos exatamente 15 minutos para ouvir a sua exposição. Aí, eu tocarei esta campainha e o representante da outra agência, que já está esperando lá fora, irá sucedê-lo."

Antes de entrar na minha proposta, fiz três perguntas:

"Quantos usuários finais de raiom devem ser cobertos por sua campanha?" Resposta: "Pneus de automóveis, fabricantes de móveis, produtos industriais, roupas femininas, roupas masculinas".

"Qual é a verba disponível?" Resposta: "600.000 dólares".

"Quantas pessoas devem aprovar os anúncios?" Resposta: "Os doze membros do comitê, representando doze fabricantes".

"Toque a campainha", eu disse, e dei o fora.

Estas são as condições que prevalecem na maioria das contas de associações. Muitos patrões, muitos objetivos, muito pouco dinheiro.

(10) Às vezes, um *prospect* lhe oferece o negócio, com a condição de que você contrate um indivíduo que ele acredita ser indispensável para a administração de sua publicidade. Agências que entram neste jogo acabam com uma tripulação de politiqueiros que debocham de seu grupo de planejadores, ignoram seu diretor de criação e chantageiam sua administração. Algumas vezes, já contratei homens competentes com a condição de que não trouxessem consigo as contas que controlavam.

Por mais cuidadoso que você seja na investigação de seus *prospects*, é quase impossível descobrir como eles se qualificam em todos esses itens, *até que você os encontra face a face*. Então você se percebe numa posição delicada, ao mesmo tempo vendendo sua agência e extraindo do *prospect* informação suficiente sobre ele mesmo e o seu produto, para decidir se você quer mesmo a sua conta. É mais proveitoso escutar do que falar.

Nos meus primeiros tempos, cometi muitas vezes o engano de não demonstrar suficiente entusiasmo pela conta que estava solicitando. Meu estilo era muito acanhado. Assim, quando Ted Moscoso, o brilhante presidente da *Operação Bootstrap* em Porto Rico, veio me visitar pela primeira vez, saiu com a impressão de que para mim era indiferente se ele nos contratasse ou não. Levei muito tempo para convencê-lo de que eu queria realmente trabalhar para Porto Rico.

Pouco depois da nossa nomeação como agência de Porto Rico, escrevi a Moscoso:

Temos que promover uma imagem adorável de Porto Rico em lugar da imagem esquálida que hoje existe na mente da maioria dos cidadãos do resto do país. Isto é de suma importância para seu desenvolvimento industrial, para sua indústria de rum, para seu turismo e para sua evolução política.

O que *é* Porto Rico? Qual a personalidade desta ilha? Que rosto deve mostrar para o mundo? Será Porto Rico nada mais do que um país retrógrado, nas dores do parto da sua revolução industrial? Deve a ilha continuar sendo o que Max Ascoli chama "a Formosa dos *New Dealers*"? Está ela no processo de tornar-se uma Norte Filadélfia moderna? Ou existe uma alma viva dentro do corpo de sua economia?

Será destino de Porto Rico ser invadida por turistas vulgares, e transformar-se numa Miami Beach de segunda classe? Terão os porto-riquenhos esquecido sua herança espanhola numa corrida louca para provar quão americanos eles são?

Estas tragédias iminentes não precisam acontecer. E uma das maneiras mais seguras para preveni-las é começar uma campanha de publicidade de longo prazo, que apresentará Porto Rico ao mundo com a imagem que nos inspira a todos — a imagem de *Porto Rico em renascença*.

Ted Moscoso e o Governador Muñoz aceitaram essa recomendação. Lançamos a campanha, que ainda é publicada, nove anos depois. Ela teve efeito profundo sobre os destinos de Porto Rico. Ela é, acredito, o único exemplo de campanha de publicidade que mudou a imagem de um país.

Certo dia, em 1959, Moscoso e eu estavámos almoçando com Beardsley Ruml e Elmo Roper no Century. Acompanhando-me de volta a meu escritório, disse Moscoso: "David, você vem fazendo a publicidade de Porto Rico há cinco anos. Esta tarde vou telefonar para todos os seus outros clientes e convidá-los para juntar-se a mim numa proposta: se você parar de solicitar novos clientes, prometemos jamais dispensá-lo. Você não gostaria de devotar toda a sua energia para os clientes que já tem, e parar de gastar seu tempo na perseguição de novos clientes?"

Fiquei seriamente tentado a encorajar essa proposta inédita. Conquistar novos clientes é excitante, mas cada um deles aumenta a carga de trabalho que levo para casa; oitenta horas por semana já bastam. Mas meus parceiros mais jovens tinham fome de novos desafios. Além do mais, mesmo as melhores agências perdem clientes. Às vezes, isso acontece porque os clientes vendem as suas companhias; em outras, eles contratam tiranos para adminis-trar sua publicidade, e eu me nego sempre a servir aos tiranos. Então, se você pára de adicionar novos clientes, entra num proces-so de hemorragia mortal. (Mas isso não significa que você deva seguir o exemplo de Ben Duffy. Quando presidente da BBDO, ele aceitava qualquer conta nova que lhe oferecessem e acabou tendo 167; a pressão quase o matou. Stanley Resor era o oposto. Em seu primeiro ano como líder da J. Walter Thompson, ele abriu mão de cem contas, anõezinhos não lucrativos. Esse foi seu primeiro passo no processo de tornar a J. Walter Thompson a maior agência do mundo.)

Nem sempre a postura de entusiasmo é a melhor para levar à vitória. Cinco ou seis vezes rejeitei contas que não se adequavam às nossas qualificações, apenas para descobrir que o ato de rejei-ção inflamara o desejo dos clientes de contratar nossa agência. Quando um famoso fabricante de relógios da Suíça ofereceu-nos sua conta, declinamos, porque sua publicidade tinha que ser apro-vada não apenas pelo quartel-general na Suíça, mas também pelo importador americano. E nenhuma agência de publicidade pode servir a dois senhores. Mas, ao invés de declinar diretamente, eu disse que aceitaríamos a conta se nos pagassem 25% em vez da comissão habitual de 15%. O cliente prontamente concordou.

Às vezes um fabricante em busca de nova agência informa à imprensa o nome das agências que está considerando. Sempre que nossa agência foi revelada como uma das disputantes, abandonei a concorrência; não é inteligente arriscar-se a ser derrotado *publica-mente*. Gosto de vencer em público, mas de fracassar em segredo.

Evito concorrências em que mais de quatro outras agências estão envolvidas. O ritual do namoro competitivo requer uma série de longas reuniões. Uma agência "quente" acaba entrando na lista de compras de quase todos os *prospects*, e é muito fácil queimar dessa forma o tempo do seu melhor pessoal. Temos outros peixes para fritar, os peixes dos nossos clientes atuais.

O namoro mais desejável é aquele em que nenhuma outra agência está envolvida. Isso está ficando cada vez mais raro, porque os exe-cutivos das corporações, atualmente, parecem achar estúpido con-tratar uma nova agência sem comparar os méritos de várias delas.

No Capítulo IV, eu lhes oferecerei aconselhamento grátis sobre a maneira correta de selecionar uma nova agência.

A maioria das agências mandam grandes delegações para apresentar sua proposta aos *prospects*. O chefe da agência limita sua participação pessoal a apresentar uma série de subordinados, que vão ao pódio para fazer discursos intermináveis ao *prospect*. Preferi sempre fazer a apresentação eu mesmo. A escolha final da agência é feita quase sempre pela pessoa principal da companhia-cliente. E os *chairmen* devem ser convencidos pelos *chairmen*.

Descobri também que freqüentes mudanças de orador levam à confusão com as outras agências que estão competindo pela conta. Uma orquestra é parecida com qualquer outra orquestra, mas não existe confusão entre um maestro e outro. Quando fomos convidados a solicitar a Sears, Roebuck, enfrentei sozinho o seu comitê de diretores. Corporações sofisticadas quase sempre ficam decepcionadas com um *show* de um monte de gente. As agências com melhores resultados em novos negócios apóiam-se no seu líder para fazer *performances em solo*. (Quando se consideram as personalidades repulsivas de muitos desses solistas, é forçoso concluir que a *singularidade* é um ingrediente importante na conquista de contas.)

Sempre revelo aos *prospects* quais são as falhas em nossa armadura. Percebi que, quando um vendedor de antigüidades chama minha atenção para as falhas numa peça de mobília, ele conquista a minha confiança.

Quais são as rachaduras em nossa armadura? Estas são as duas mais importantes:

Não temos um Departamento de Relações Públicas. Sou de opinião que relações públicas devem ser manejadas pelo próprio anunciante ou por um consultor especialista.

Jamais produzimos um comercial espetacular de televisão. Tenho fobia por tais extravagâncias; com raras exceções, eles custam demais em relação ao tamanho da audiência que conquistam.

Por mais que tenha tentado, nunca fui capaz de espaçar a aquisição de novas contas em intervalos convenientes. Por meses e meses nada acontece e começo a me preocupar se algum dia voltaremos a conquistar uma nova conta. Meu *staff* fica abatido. Aí, conquistamos três belezas em rápida sucessão, e a carga de trabalho urgente torna-se insuportável. A única solução é montar uma lista de espera dos clientes em potencial e admiti-los um por um, em momentos de nossa própria escolha. Este dia ainda chegará!

III

Como Manter Clientes

A crise dos sete anos não é exclusividade dos casamentos. Ela também aflige o relacionamento entre as agências de publicidade e seus clientes. O cliente médio muda de agência uma vez cada sete anos. Ele *cansa* da sua agência, tanto quanto um *gourmet* enjoa o repertório de seu *chef.*

Conquistar uma nova conta é uma experiência inebriante, mas perder uma conta é o inferno. O que fazer para convencer seus outros clientes de que eles também não devem dispensá-lo?

Vi duas grandes agências entrarem em colapso depois que a saída de um cliente provocou uma "corrida ao banco". É um espetáculo deprimente.

Como fica o presidente da agência perante sua consciência, quando sabe que foi por sua culpa que a agência perdeu a conta? Como pode ele, dentro de um padrão de decência, demitir as pessoas que trabalhavam na conta e que deram o máximo para superar sua própria estupidez? Algumas dessas pessoas talvez tenham raro talento, e ele poderá precisar delas para trabalhar na próxima conta que venha a conquistar. Terá ele condições de conservá-las? Geralmente, não. Já vi agências demitirem até cem pessoas porque perderam uma conta, e alguns desses pobres-diabos eram velhos demais para conseguir outro emprego. Essa é uma das razões por que agências têm que pagar salários tão altos. Excluído o teatro, a publicidade é provavelmente a mais insegura de todas as carreiras.

Se você aspira administrar uma agência, deve aceitar o fato de que estará sempre andando na borda de um precipício. Se você é um inseguro por natureza, uma pessoa assustadiça, *ai de você!* Estará metido numa dura jornada.

Invejo meus amigos médicos. Eles têm tantos pacientes que a perda de um deles não os arruinará. Nem essa perda será noticiada nos jornais, para que todos os outros pacientes leiam.

Também invejo os advogados. Eles podem tirar férias, seguros de que os outros advogados não estarão fazendo amor com seus clientes. Agora que construí um portfólio de dezenove excelentes clientes, desejaria que fosse aprovada uma lei tornando ilegal a solicitação pelas agências. Na Suécia, as grandes agências conquistaram uma lei desse tipo. Uma deliciosa restrição de mercado.

Existem certas medidas que você pode tomar para reduzir a rotatividade. A primeira, e mais importante, é dedicar seus melhores cérebros ao serviço de seus clientes, em vez de desviá-los para a perseguição de clientes novos. Sempre proibi meus executivos de contas de caçar novos clientes, porque isso os corrompe, como se eles apostassem nos cavalos. Começam a negligenciar seus clientes atuais, e a porta da rua começa a se abrir.

Segundo, você pode evitar a contratação de executivos instáveis e inclinados à discussão. A Madison Avenue está cheia de masoquistas que provocam inconscientemente a rejeição pelos seus clientes. Conheço homens brilhantes que perderam todas as contas que caíram em suas mãos. E conheço indivíduos comuns e sem importância que possuíam o talento para criar relacionamentos calmos e estáveis entre a agência e seus clientes.

Terceiro, você pode evitar a conquista de clientes que costumam demitir suas agências a curtos intervalos. Você pode pensar que será capaz de curá-los da sua instabilidade, mas as probabilidades estão contra você, assim como quando você casa com uma mulher que já se divorciou muitas vezes.

Quarto, você deve manter contato com todos os escalões de seus clientes. Mas isso está se tornando mais e mais difícil, uma vez que os grandes anunciantes empilham nível sobre nível — assistentes de gerentes de produto reportando-se aos gerentes de produto, que se reportam aos chefes de divisão, que se reportam a vice-presidentes de marketing, que se reportam a vice-presidentes executivos, que se reportam a presidentes, que se reportam a *chairmen*, com uma bateria de consultores, comitês e pessoal de *staff* atormentando a agência por todos os lados.

Tornou-se moda para a maioria dos *chairmen* e presidentes de corporações isolarem-se de qualquer contato com suas agências.

Saiba que eles ainda tomam as mais importantes decisões com respeito à sua publicidade, mas nunca encontram o pessoal da agência cara a cara, e seus lacaios são em geral incompetentes para servir como intermediários.

Freqüentemente ouço gerentes de publicidade citarem seus presidentes como tendo expressado tolices que eu sei eles jamais teriam dito. E não tenho dúvida de que os mesmos presidentes ouvem dizer que eu expressei algumas rematadas bobagens. Você é dispensado sem saber por quê.

Isso me traz à memória uma história contada durante a Primeira Guerra Mundial. Um major de brigada mandou uma mensagem verbal da linha de frente para seu quartel-general. A mensagem era: "Mande reforços, que nós vamos avançar". Quando chegou ao quartel-general, repetida de boca em boca por todos os níveis, ela estava assim: "Mande uns moços, que nós vamos dançar".

Uma das razões por que o pessoal da cúpula nas grandes corporações demonstra essa tendência a manter as agências a certa distância é que o negócio da publicidade os desagrada como um todo. Ele é tão intangível... Quando constróem novas fábricas, ou lançam novos estoques, ou compram matérias-primas, eles sabem exatamente o que estão obtendo. As propostas lhes são apresentadas preto no branco, com todos os fatos e cifras de que necessitam para justificar sua decisão perante os acionistas. Mas a publicidade é ainda uma especulação imprecisa. Como se queixava o primeiro Lorde Leverhulme (e John Wanamaker, mais tarde): "Metade do dinheiro que eu gasto em publicidade é desperdiçado... e o problema é que eu não sei qual das metades."

Industriais que se desenvolveram em funções de produção, contabilidade ou pesquisa costumam suspeitar do pessoal de publicidade, porque estes são exageradamente articulados. É por isso que alguns simplórios desarticulados foram tão bem-sucedidos como presidentes de agências: eles fazem seus clientes sentirem-se à vontade.

Outra coisa que você pode fazer para reduzir o risco de perder contas é adotar minha política de *geladeira*. Tão logo o cliente aprovar uma nova campanha, comece a criar uma outra, e ponha-a em mercado-teste. Assim, você estará preparado, com uma bala na agulha, se a sua primeira campanha fracassar ou cair no desagrado da diretoria do cliente por qualquer razão mais subjetiva. Essa preparação incansável de posições de reserva diminuirá seus lucros e enervará seus criadores, mas prolongará a permanência de suas contas.

Sempre busquei sentar no mesmo lado da mesa que meus clientes para ver os problemas por sua própria perspectiva. Compro ações de suas empresas para poder pensar como um membro de sua família. Quando possuo uma visão *total* de seu negócio, estou mais capacitado a dar-lhes conselhos acertados. Se me elegessem para seu Conselho Diretor, seria ainda mais fácil identificar-me com seus melhores interesses.

Jovens ansiosos e ambiciosos freqüentemente têm a brilhante idéia de combinar dois de seus clientes numa operação conjunta. Podem sugerir que um cliente monte um concurso e ofereça o produto de outro como prêmio; ou que dois clientes compartilhem o mesmo anúncio de revista. Essas *dobradinhas* podem ser perigosas para a agência; quase sempre um dos clientes vai achar que ficou com o lado ruim da fruta. Quando você tenta arbitrar disputas entre clientes, acaba com um olho inchado. Eu me eduquei para manter meus clientes isolados. A única vez que o presidente da Hathaway encontrou o presidente da Schweppes foi quando eles resolveram comprar um Rolls-Royce na mesma manhã.

Nunca digo a um cliente que não posso comparecer à sua convenção de vendas porque tenho um compromisso anterior com outro cliente; o êxito da poligamia depende de fingir para cada esposa que ela é a única sereia de sua praia. Se um cliente me pergunta que resultados a campanha de um outro cliente está obtendo, mudo de assunto. Isso talvez o aborreça, mas, se eu lhe der a informação que pretende, provavelmente concluirá que eu seria igualmente indiscreto com os segredos *dele*. Uma vez que um cliente perde a confiança em sua discrição, você está perdido.

Às vezes um cliente contrata um gerente de publicidade tão incompetente que você se vê obrigado a denunciá-lo. Mas só fiz isso duas vezes em quinze anos. Num caso, o homem era um psicótico que eu havia demitido seis meses antes. Noutro, tratava-se de um mentiroso patológico.

Clientes mais razoáveis parecem considerar nosso dever alertá-los quando detectamos um elo fraco na corrente de comunicação entre sua alta administração e a nossa. Certa vez fui repreendido por um cliente por não tê-lo avisado de que nosso executivo de atendimento era quem escrevia os planos de marketing de seu gerente de produtos.

Clientes não hesitam em "queimar" nossos executivos de contas. Às vezes eles têm razão, às vezes estão errados. Em qualquer caso, é melhor, para todos os envolvidos, que a vítima seja transferida para outro trabalho, e fazê-lo antes que a fumaça se transforme em chamas e destrua todo o relacionamento cliente-agência.

Um dos mais brilhantes colegas que já tive foi "queimado" por três clientes num só ano; a experiência feriu-o com tal gravidade que ele abandonou a publicidade para sempre. Se você é exageradamente sensível e não pode resistir a esses perigos, evite trabalhar como executivo de atendimento de uma agência de publicidade.

☆☆☆

Uso sempre os produtos de meus clientes. Isso não é bajulação, mas boas maneiras elementares. Quase tudo o que consumo é fabricado por um de meus clientes. Minhas camisas são Hathaway, meus castiçais são Steuben. Meu carro é um Rolls-Royce, e seu tanque está sempre cheio com Super Shell. Meus ternos são feitos pela Sears, Roebuck. No café da manhã, tomo café Maxwell House ou chá Tetley e como duas torradas Pepperidge Farm. Tomo banho com Dove, me desodorizo com Ban, e acendo meu cachimbo com um isqueiro Zippo. Depois do pôr-do-sol só bebo rum de Porto Rico e Schweppes. Leio revistas e jornais impressos em papel proveniente das fábricas da International Paper. Quando saio em férias para a Grã-Bretanha ou Porto Rico, faço minhas reservas pelo American Express e viajo pela KLM ou P&O — Orient Lines.

E por que não? Eles são ou não são os melhores produtos e serviços do mundo? Acho que são — e é por isso que faço a sua publicidade.

Quando um cliente contrata nossa agência, é porque decidiu ser ela a melhor de que pode dispor. Seus assessores chegaram a essa decisão depois de fazer profundo estudo do que temos para oferecer. Mas, à medida que o tempo passa, ele admite novos assessores. Sempre que isso acontece, é nosso dever convencer o novo assessor de que o seu antecessor estava certo ao selecionar a nossa agência. O novo assessor deve ser tratado como se fosse um cliente novo a ser conquistado.

Com as grandes corporações, esse processo de revender a agência nunca acaba. Toma tempo e é fatigante, mas é de vital importância. Vassouras novas são uma ameaça constante à estabilidade do relacionamento agência-cliente.

O que de mais perigoso pode acontecer a uma agência é depender de uma simples ligação pessoal com a empresa do cliente. Se o presidente de uma grande organização industrial contrata sua agência de publicidade porque gosta do seu presidente, medidas imediatas devem ser tomadas para criar laços em níveis inferiores. Somente quando a agência está ligada em todos os níveis, você pode esperar ter estabilidade na conta.

Não acredito em restringir os contatos com o cliente ao nível dos executivos de contas. É melhor fazer com que as pessoas nos seus departamentos de serviço — pesquisa, mídia, redação, arte, produção de televisão, merchandising, etc. — conheçam o cliente. Isso, às vezes, provoca situações cômicas, porque o nosso pessoal da "cozinha" nem sempre se notabiliza pelo tato, e alguns deles são inexpressivos em termos pessoais. É preciso que o cliente possua uma rara percepção para reconhecer que aquele sujeito acanhado de língua presa pode ser capaz de escrever um comercial que irá duplicar suas vendas.

É difícil para um médico revelar a seu paciente que ele está sofrendo de uma moléstia séria. É igualmente difícil dizer a um cliente que seu produto tem uma falha grave. Conheci clientes que reagem pior a essa franqueza do que reagiriam a uma crítica à sua mulher. O orgulho de um fabricante por seu produto quase sempre o deixa cego para suas limitações. Mas sempre chega o dia, na vida de todo publicitário, em que ele tem de enfrentar esse "pepino". Confesso que não sou muito bom nessa missão. Quando disse a um cliente que tinha dúvidas sobre a consistência de seu espaguete, sua reação foi questionar se eu seria capaz de fazer um bom trabalho para um produto de que não gostava. Perdemos a conta. Em geral, porém, tenho observado uma tendência crescente por parte dos clientes de receber bem a franqueza, particularmente quando é baseada nos resultados de pesquisa junto ao consumidor.

O líder de uma agência tem tanto o que fazer que só consegue se encontrar com os seus clientes em tempos de crise. Isso é um erro. Se você criar o hábito de visitar o cliente quando o clima é de bonança, estabelecerá um relacionamento fácil, que pode salvar sua vida quando explodir uma tempestade.

É importante admitir seus erros, e fazê-lo antes que seja acusado deles. Muitos clientes estão cercados por gente de caráter fraco, que pratica a fina arte de culpar a agência por suas próprias falhas. Eu aproveito a primeira oportunidade para assumir a culpa.

☆☆☆

Pensando bem, já dispensamos três vezes mais clientes do que os que nos dispensaram. Não vou admitir que o meu pessoal seja torturado por tiranos e não publicarei uma campanha ditada por um cliente, a menos que acredite em sua validade. Quando você permite essas coisas, expõe ao perigo a reputação criativa da sua agência, que deve ser seu patrimônio mais valioso. Em 1954, cometi esse grande erro. Meu amigo Jerry Babb, da Lever Brothers, insistia em que eu anunciasse o velho sabão em pó Rinso e o novo Rinso Blue detergente na mesma peça. A experiência me havia ensinado que não valia a pena conjugar dois produtos num só anúncio, particularmente quando um deles é novo e o outro está na obsolescência. Pior, Jerry instruiu-me a injetar um toque engraçado e extravagante na campanha.

Por algumas semanas, tentei convencê-lo a fazer o tipo de campanha séria que fora bem-sucedida para o Tide e outros detergentes, mas Jerry estava irredutível. Sinais de tempestade surgiram no horizonte. Seu principal assistente advertiu-me de que eu poderia perder a conta, a menos que fizesse o que estava sendo determinado. Por fim, capitulei. Custou-me duas horas — e meia garrafa de rum de Porto Rico — escrever o texto mais idiota da história da publicidade. Era em verso, para ser cantado com a música de *Boys and Girls Come Out to Play*:

> *Rinso White or Rinso Blue?*
> *Soap or detergent — it's up to you!*
> *Both wash whiter and brighter than new,*
> *The choice, dear lady, is up to* you!

> (Rinso Branco ou Rinso Azul?
> Sabão em pó ou detergente — você é quem decide!
> Ambos lavam mais branco e mais brilhante que
> roupa nova,
> A escolha, minha cara senhora, é *sua*!)

Esses versinhos horrorosos foram devidamente publicados. Passei mais vergonha do que podia suportar; meu pessoal pensou que eu tinha enlouquecido. O pessoal da Lever Brothers concluiu que eu não tinha a menor idéia do tipo de publicidade exigida para persuadir donas-de-casa a comprar um detergente. Fomos despedidos seis meses depois, e nós o merecíamos.

Mas o prejuízo não terminou por aí. Por alguns anos, foi impossível conseguir que qualquer homem sério de marketing entrasse na Ogilvy, Benson & Mather, antes que eu lhe explicasse que minha opinião sobre a minha campanha idiota para o Rinso era tão baixa quanto a deles. O episódio ensinou-me que não vale a pena curvar-se aos clientes em assuntos de alta estratégia. Um *Munich* foi suficiente.

Também dispenso contas que não são lucrativas para a minha agência. Isso aconteceu com a Reed & Barton. Nossas comissões não eram suficientes para pagar pelos serviços exigidos. Roger Hallowell, que administrava esse excelente e antigo negócio de família, não estava disposto a cobrir os prejuízos que estávamos sofrendo. Eu gostava de Roger e de todos os seus colegas na Reed & Barton, mas não estava preparado para ter prejuízo com o seu negócio indefinidamente. Creio que eles cometeram um erro permitindo que renunciássemos à conta; demos importante contribuição para seus lucros, mostrando-lhes como pré-testar novos modelos de talheres de prata. Lançar um novo modelo custa 500.000 dólares, e nenhum executivo masculino pode prever os padrões que agradarão às jovens noivas de dezenove anos.

Também abro mão de contas quando perco a confiança no produto. É flagrantemente desonesto um publicitário incitar os consumidores a comprarem um produto que ele não deixaria sua própria esposa comprar.

Frank Hummert, que sucedeu a Claude Hopkins como chefe dos redatores na Lord & Thomas e fez fortuna como inventor das novelas radiofônicas, disse-me certa vez: "Todos os clientes são *porcos*, você pode começar pensando de maneira diferente, mas acabará mudando de idéia."

Essa não tem sido a minha experiência. Conheci um punhado de porcos, e mandei-os embora. Mas, com raras exceções, amei os meus clientes. Se não tivesse me tornado o seu agente de publicidade, jamais teria feito amizade com Ted Moscoso, o grande porto-riquenho que veio a ser embaixador na Venezuela e líder da Aliança para o Progresso. Se eu não tivesse conquistado a conta da Steuben Glass, jamais teria me tornado amigo de Arthur Houghton. Foi um grande dia para mim quando descobri que havia conquistado como cliente o mais destacado patrono de artistas contemporâneos na história da indústria, uma autoridade eminente em livros raros e o mais imaginativo dos filantropos.

Minha lista de clientes que se tornaram grandes amigos é longa. Ellerton Jetté, da Hathaway, enriqueceu a minha vida promovendo minha eleição para o Comitê de Curadores do Colby College. *Sir* Colin Anderson da P&O — Orient Lines é o único cliente que tive, que é um perito tanto em dança como em bordados escoceses. O comandante Whitehead, da Schweppes, começou como cliente e tornou-se um de meus companheiros mais íntimos. Sofremos um naufrágio juntos, e nossas esposas se consolam comparando impressões sobre as vaidades dos seus maridos.

Helena Rubinstein sempre me fascinou. Essa delgada beleza polonesa começou a sua carreira na Austrália, no século 19, e fez um lucro de 30.000 libras quando tinha apenas dezoito anos de idade. Na época em que me descobriu, havia se tornado uma matriarca, controlando companhias pelo mundo inteiro. No escritório, ela é um terror, mas tem também um irresistível senso de humor. Uma centena de vezes eu a vi sacudida pelas gargalhadas, a ponto de as lágrimas rolarem pelas suas faces, no meio de reuniões terrivelmente sérias. Como amiga, ela é uma combinação encantadora de alegria e generosidade.

Outro aspecto que admiro em Madame Rubinstein é a ausência de afetação; ela é notável com sua aparência natural e nenhuma ostentação é necessária. Isso é o que Graham Sutherland captou no retrato que dela fez.

☆☆☆

Algumas agências se deleitam com a moda de fazer tudo em comitê. Vangloriam-se do *teamwork* e depreciam o papel do indivíduo. Mas uma *equipe* não pode escrever um anúncio, e eu duvido que exista uma só agência de alguma importância que não seja a projeção da sombra de um homem. Clientes às vezes me perguntam o que aconteceria com nossa agência se eu fosse atropelado por um táxi. Ela mudaria. Quando o Senador Benton e o Governador Bowles deixaram sua agência, ela mudou — para melhor. J. Walter Thompson sobreviveu à partida do sr. Thompson. McCann-Erickson teve sua glória depois que Harry McCann se aposentou. Mesmo a aposentadoria de Raymond Rubicam, o melhor presidente de agência na história, não conseguiu deter o progresso da Young & Rubicam.

Tal como uma parteira, ganho a vida trazendo novos bebês para o mundo. Só que os meus são campanhas de publicidade. Uma ou duas vezes por semana, entro em nossa "sala de partos" e presido sobre o que é chamado de uma "apresentação". Essas cerimônias apavorantes são assistidas por seis ou sete companheiros e pelos notáveis da família oficial do cliente. A atmosfera é carregada de eletricidade. O cliente sabe que será solicitado a aprovar uma campanha que lhe custará milhões. A agência investiu muito tempo e dinheiro para preparar sua proposta.

Em minha agência, ensaiamos sempre nossas apresentações perante nosso Comitê de Planejamento, onde têm assento os nossos senadores mais experientes. Eles são críticos mais severos que qualquer cliente que eu já tenha conhecido. E suas críticas são expressas em linguagem mais dura. Uma vez que uma campanha tenha passado pelo seu exame rigoroso, ela será boa. Mas, por mais bem documentada que possa estar a nossa apresentação, por mais profundamente que os nossos planejadores tenham examinado as realidades do marketing, e por mais brilhantemente que nossos redatores tenham feito o seu trabalho, coisas horríveis podem acontecer na *apresentação*. Se ela começa cedo, de manhã, talvez o cliente esteja de ressaca. Numa ocasião, cometi o erro de apresentar uma nova campanha para Sam Bronfman, da Seagram, depois do almoço. Ele caiu em sono profundo, e despertou com um humor tão venenoso que rejeitou a campanha em que vínhamos trabalhando havia vários meses.

Bronfman detestava a praxe adotada por muitas agências de usar vários porta-vozes para fazer suas apresentações. Eu também. A atenção da platéia será menos dispersa se apenas um homem fizer todo o discurso. Ele deve ser o advogado mais persuasivo disponível e estar tão profundamente envolvido no assunto que possa enfrentar o mais minucioso dos exames. Eu faço mais apresentações do que a maioria dos presidentes de agências, em parte porque me julgo um bom advogado, em parte porque acredito que não existe melhor forma de mostrar ao cliente que o chefe da agência está pessoalmente envolvido em seus assuntos. Duvido que algum advogado tenha que gastar tantas noites como eu gasto preparando-me para as apresentações, que se sucedem umas às outras com implacável regularidade.

Vale a pena dedicar muito esforço na preparação dos planos que se apresentam aos clientes. Eles devem ser escritos com o máximo de clareza e o mínimo de maneirismo. Eles devem ser amarrados com fatos irrefutáveis.

Mas ainda existem alguns clientes que não gostam de que sua agência apresente os anúncios no contexto de um plano bem documentado. Eles adoram avaliar os *layouts* no vácuo, como se estivessem selecionando quadros para uma exposição. *Sir* Frederic Hooper, da Schweppes, pertence a essa escola. A primeira vez que lhe apresentei um *marketing plan*, aborreceu-se rapidamente. Ele esperava uma meia hora divertida de crítica literária, e viu-se submetido a uma recitação tediosa de fatos de marketing. Na página 19 de minha apresentação, cheguei a uma estatística que contradizia uma das suas definições básicas: "Ogilvy", trovejou ele, "a sua abordagem estatística da publicidade é positivamente *infantil*".

Fiquei imaginando que efeito esse cumprimento teria sobre os estatísticos que haviam preparado nosso plano. Mas controlei os meus ímpetos, e cinco anos depois *Sir* Frederick fez uma *amende honorable*, convidando-me a falar para uma convenção de publicidade que ele presidia. Sugeriu-me que levasse como tema uma conclusão a que chegara recentemente: "No fim, os clientes são gratos aos publicitários que lhes dizem a verdade."

Nessa época, as vendas da Schweppes nos Estados Unidos tinham crescido 517%. E vivemos felizes para sempre.

Outro cliente que não gostava de ser confundido com fatos queixou-se com a maior gravidade: "David, o problema com a sua agência é que ela tem muita gente com mentes objetivas."

O melhor instrumento já criado para explicar planos complicados a comitês é o cavalete de *flip-charts*, que o apresentador lê em voz alta. Ele tem o efeito de concentrar a atenção de todos os presentes naquilo que você está dizendo. Neste ponto, quero dar um conselho. Pode parecer trivial, mas é crucial para o sucesso da apresentação: *Quando você lê em voz alta, nunca fuja uma só palavra do texto escrito que está sendo exibido.* O truque está em atacar a sua platéia simultaneamente através de seus olhos e de seus ouvidos. Se eles enxergam um conjunto de palavras e ouvem outro conjunto, ficam confusos e perdem a atenção.

Eu ainda morro mil mortes antes de cada apresentação. Fico especialmente aflito quanto ao impacto do meu sotaque inglês. Como pode um industrial americano ter confiança na habilidade de um estrangeiro para influenciar o comportamento das donas-de-casa americanas? No fundo de minha alma, eu sei que os meus anos com o Dr. Gallup, em Princeton, deram-me mais conhecimento dos hábitos e da mentalidade do consumidor americano que a maioria dos redatores nativos possa ter, e espero sempre que isso fique patente à medida que minha apresentação se desenvolve. Por isso, abro com axiomas que ninguém pode contestar. Depois que o auditório se acostuma com meu sotaque, lanço-me a dar opiniões mais controversas.

A primeira vez que permiti a um membro da minha equipe que apresentasse uma das minhas campanhas para um cliente, eu sabia que a minha presença na reunião iria acentuar seu nervosismo. Por isso, escondi-me na sala ao lado e observei sua *performance* através de um visor. Seu nome era Garret Lydecker, e ele teve uma *performance* melhor do que eu jamais tive, antes ou depois.

Atualmente, tenho alguns companheiros que são apresentadores de primeira classe, e não hesito mais em assistir às suas apresentações. Eles aprenderam a manter sua serenidade, mesmo quando os provoco com perguntas. No debate que se segue, estabelecemos uma posição que não é nem a do cliente, nem a da agência no começo da reunião. O resultado é um sentimento de camaradagem que atravessa aquelas linhas que tradicionalmente mantêm a agência e o cliente em lados opostos da mesa.

Em algumas agências é permitido aos executivos de contas mandar no pessoal criativo. Isso dá uma boa impressão a alguns clientes. Eles acreditam que a sua publicidade está mais segura nas mãos de "homens de negócios". Mas cria uma atmosfera que inibe os redatores, e o cliente acaba recebendo publicidade de segunda classe. Em outras agências, os executivos de contas são pouco mais que garçons que levam as confecções dos criadores para os clientes. Eles são proibidos de aceitar a menor modificação que o cliente possa propor sem voltar para pedir licença no quartel-general. Sendo-lhes negada a autoridade de exercer seu próprio julgamento, acabam virando meninos de recado.

Deploro ambos os sistemas. Tenho redatores competentes e eles trabalham em conjunto com executivos de contas competentes, autorizados a negociar com os clientes. Os executivos de contas são suficientemente maduros para administrar todas as situações de suas contas sem desafiar a soberania final do criador. É um balanceamento delicado, e conheço apenas uma outra agência que o conseguiu.

Os planos de marketing que saem de nossa agência, hoje em dia, são mais profissionais, mais objetivos e mais bem documentados que os planos que eu costumava escrever nos primeiros tempos. Mas alguns deles são escritos num jargão de negócios que me irrita, tipo: qualidade percentual, importantemente, conceptualizado, maximizar, e assim por diante. Quando garoto, fui obrigado a aprender de cor doze versos da Bíblia, antes do café da manhã, em cada manhã, e eu lia latim com a idade de nove anos. Em Oxford, caí sob a influência de pessoas que rejeitavam a escola germânica de educação — seca como areia, sem humor e ilegível. Fui ensinado a admirar não Mommsen, mas Gibbon, Macaulay e Trevelyan, que escreveram para serem lidos. Este tipo de treinamento não me capacitou para ler os áridos documentos que constituem meu trabalho de casa atual. Não ensinaram aos homens de negócios americanos que é pecado *aborrecer* os seus semelhantes.

IV

Como Ser um Bom Cliente

Um dos maiores anunciantes do mundo contratou recentemente uma importante empresa de consultores em administração para estudar a relação entre sua publicidade e seus lucros. O estatístico que fez o estudo caiu numa armadilha curiosamente comum: considerou que a única variável significativa era o *montante da verba gasta em publicidade* de ano para ano. Não se deu conta de que um investimento de um milhão de dólares em publicidade *eficiente* pode render mais do que 10 milhões de dólares em publicidade *ineficiente*.

Os anunciantes de produtos vendidos por reembolso postal descobriram que a simples mudança de um título pode multiplicar as vendas dez vezes; e já vi comerciais de televisão venderem um produto cinco vezes mais que outros comerciais escritos pelo mesmo homem.

Conheço uma cervejaria que vende mais para as pessoas que nunca vêem a sua publicidade do que para as pessoas que a assistem todas as semanas. A má publicidade pode *fazer cair* a venda de um produto.

Às vezes, a responsabilidade por tais catástrofes cabe à agência, mas, freqüentemente, é o cliente o culpado. Cada cliente tem a publicidade que merece. Já trabalhei para 96 deles, e tive oportunidades excepcionais para comparar suas atitudes e procedimentos. Alguns se comportam tão mal que agência alguma conseguiria produzir publicidade eficiente para eles. Alguns se comportam tão bem que nenhuma agência conseguiria fracassar a seu serviço.

Neste capítulo, indicarei as quinze regras a que obedeceria ao lidar com minha agência, caso me tornasse um cliente. Elas estão formuladas para obter o melhor serviço:

(1) *Livre sua agência do medo.*

A maioria das agências trabalham assustadas, a maior parte do tempo. Isso se deve, em parte, ao fato de que muitas das pessoas que gravitam em torno do negócio da agência são naturalmente inseguras e, em parte, porque muitos clientes tornam indubitavelmente claro que estão sempre à procura de uma nova agência. Pessoas amedrontadas são incapazes de produzir boa publicidade.

Depois que abri mão da conta da Rolls-Royce, fizme convidar para visitar a Ford Motor Company, "para tornar-me conhecido". Para seu mérito eterno, o gerente de publicidade da Ford recusou-se a me receber. Disse-me: "Detroit é uma cidade pequena, se você viesse visitar-me seria visto. Nossas agências atuais saberiam disso e poderiam ficar alarmadas. E eu não quero alarmá-las."

Se eu fosse um cliente, faria tudo ao meu alcance para libertar minhas agências do medo, até mesmo dando-lhes contratos de longo prazo.

Meu amigo Clarence Eldridge trabalhou nos dois lados do balcão. Depois de tornar-se notável como *chairman* do Comitê de Planejamento da Young & Rubicam, veio a ser vice-presidente a cargo do marketing na General Foods, e mais tarde vice-presidente sênior da Campbell Soup Company. Esse judicioso conhecedor das relações cliente-agência acredita que "existe uma palavra que caracteriza o relacionamento

ideal: CONTINUIDADE... Se quisermos alcançar continuidade, ela deve estar nas mentes da partes desde o
primeiro momento. Deve ser construída deliberada e
conscientemente dentro do relacionamento".

Arthur Page contratou a N. W. Ayer como agência
da American Telephone & Telegraph. De vez em quando, ele se desencantava com os serviços da Ayer, mas
ao invés de dispensar a agência, como muitos clientes
teriam feito, chamava o presidente da Ayer e lhe pedia
que pusesse as coisas em ordem. Resultado: a publicidade da AT&T jamais foi abalada pelo tipo de desarti-
culação que sempre acompanha a nomeação de uma
nova agência. Um homem da Ayer, George Cecil, escreveu os textos da AT&T por trinta anos, e conseguiu
construir uma imagem tão favorável que tornou a empresa um monopólio popular num país que não tinha
nenhum amor pelos monopólios. Arthur Page foi um
cliente sábio.

Agências de publicidade servem como bodes expia-
tórios muito convenientes. É mais fácil despedir a agência que admitir para os acionistas que há algo errado
com o seu produto ou com a sua administração. Portanto, antes de despachar sua agência, faça a si mesmo
estas perguntas:

(A) A Procter & Gamble e a General Foods
conseguem serviços superlativos de suas agências e jamais demitiram uma delas. Por que não?

(B) A indicação de uma nova agência resol-
verá o seu problema ou simplesmente o empurra-
rá para debaixo do tapete? Quais são as raízes
reais do seu problema?

(C) Terá o seu produto se tornado obsoleto
em comparação com os competidores?

(D) Terá você imposto a publicidade pela
qual culpa agora a agência?

(E) Você vem amedrontando a agência a ponto de torná-la covarde?

(F) Será o seu gerente de publicidade tão imbecil que rejeitaria os melhores cérebros de *qualquer* agência?

(G) Como você se sentirá se um dos seus competidores herdar os segredos que sua agência adquiriu trabalhando para você?

(H) Você se dá conta de que uma mudança de agência pode perturbar sua operação de marketing por doze meses ou mais?

(I) Você foi sincero com o diretor da sua agência? Se você lhe revelasse a sua insatisfação, ele certamente estaria habilitado a entregar-lhe canhões com maior poder de fogo do que os que você encontraria numa nova agência.

(J) Você já pensou que, quando você dispensa uma agência, faz com que a maioria dos homens e mulheres que trabalham na sua conta perca o emprego? Não haverá uma forma de evitar essa tragédia humana?

Muitas vezes aconselhei anunciantes que queriam contratar nossa agência a ficar onde estavam. Por exemplo, quando o presidente da Hallmark Cards mandou emissários me sondarem, eu lhes disse: "Sua agência contribuiu muito para o seu sucesso. Seria um ato de grande ingratidão contratar uma outra. Diga-lhes exatamente o que é que acham insatisfatório atualmente nos seus serviços. Tenho certeza de que eles irão pôr a casa em ordem. Fiquem onde estão." Hallmark aceitou meu conselho.

Quando uma das companhias Can convidou-nos a solicitar sua conta, eu disse: "Sua agência lhes tem proporcionado um serviço soberbo, em circunstâncias de notória dificuldade. Tenho conhecimento de que eles perderam dinheiro com a sua conta. Ao invés de demiti-los, recompense-os." Um dos jovens executivos da empresa empertigou-se: "Sr. Ogilvy, esta é a coisa mais insolente que alguém já me disse." No entanto, seus colegas reconheceram que eu tinha razão.

Quando o Instituto dos Fabricantes de Embalagens de Vidro convidou-nos a competir por sua conta, eu os instei a ficar na Kenyon & Eckhardt, que lhes vinha dando excelente publicidade. Eles ignoraram o meu conselho.

(2) *Antes de mais nada, selecione a agência certa.*

Se você gasta grandes somas do dinheiro dos seus acionistas em publicidade, e se seus lucros dependem da eficiência dela, é seu dever esforçar-se ao máximo para escolher a melhor agência possível.

Amadores fazem essa seleção convocando um grupo de agências a apresentarem campanhas grátis, em concorrências especulativas. As agências que vencem esses concursos são aquelas que usam seus melhores cérebros na solicitação de contas novas; elas relegam seus clientes aos cérebros do seu segundo time. Se eu fosse um industrial, procuraria uma agência que não tivesse departamento de novos negócios. As melhores agências não necessitam deles. Conseguem tantos clientes quantos podem atender, sem fazer campanhas especulativas.

A forma sensata de escolher uma agência é contratar um gerente de publicidade que saiba o suficiente sobre o mundo da publicidade para ter um julgamento bem informado. Peça-lhe que exiba anúncios e comerciais representativos das três ou quatro agências que considere sejam as mais qualificadas para a sua conta.

Então, ligue para alguns dos clientes delas. Isso pode ser particularmente revelador quando você liga para anunciantes como a Procter & Gamble, Lever, Colgate, General Foods e Bristol-Myers, que usam *várias* agências; eles podem lhe dar referências seguras sobre a maioria das agências importantes.

Então, convide o executivo-chefe de cada uma das principais contendoras a trazer dois de seus executivos para jantar em sua casa. Deixe que as línguas se soltem. Observe se eles são discretos sobre os segredos de seus clientes atuais. Observe se eles têm fibra para discordar quando você diz alguma bobagem. Observe seu relacionamento mútuo: eles são colegas profissionais ou politiqueiros briguentos? Eles prometem a você resultados obviamente exagerados? Eles parecem vulcões extintos ou estão vivos? São bons ouvintes? São intelectualmente honestos?

Acima de tudo, descubra se você *gosta* deles. O relacionamento entre cliente e agência tem que ser íntimo e pode virar um inferno se a química pessoal for azeda.

Não cometa o erro de pressupor que sua conta será neglicenciada numa *grande* agência. Os jovens nas funções operacionais das grandes agências são freqüentemente mais capazes e mais trabalhadores que os altos figurões. Por outro lado, não assuma que uma grande agência pode dar-lhe mais serviço que uma pequena. O número de pessoas empregadas em sua conta será aproximadamente o mesmo na pequena ou na grande agência. Cerca de nove pessoas para cada milhão de dólares que você investe.

(3) *Informe a sua agência ampla e profundamente.*

Quanto mais a sua agência souber sobre sua companhia e seu produto, melhor serviço dará a você. Quando a General Foods contratou nossa agência para anunciar o café Maxwell, deram-se ao trabalho de ensinar-nos tudo sobre o negócio de café. Dia após dia, sentávamo-nos junto aos seus peritos, ouvindo preleções sobre café verde, misturas, torrefação, preços e sobre os mistérios econômicos da indústria.

Alguns gerentes de publicidade são por demais pre-guiçosos ou ignorantes para *brifar* suas agências con-venientemente. Nesses casos, temos que mergulhar nos fatos por nossa conta. O atraso que isso causa à produ-ção de nossa primeira campanha desmoraliza todos os envolvidos.

(4) *Não compita com sua agência na área criativa.*
Para que ter um cachorro e latir você mesmo?
Palpites constantes vindos do banco do passageiro liquidam com os melhores homens de criação. Se você agir assim, Deus o proteja. Torne claro ao seu gerente de publicidade que a responsabilidade pela criação de suas campanhas não é dele, mas da agência. E proíba-o de diluir essa responsabilidade.
Quando Ellerton Jetté ofereceu-nos a conta da Ha-thaway, disse: "Vamos começar a anunciar. Nossa con-ta será de menos de 30.000 dólares por ano. Se você a aceitar, eu lhe prometo que jamais mudarei uma pala-vra em seus textos."
Assim, assumimos a conta da Hathaway e o sr. Jetté manteve sua palavra. Jamais mudou uma palavra em nossos textos. Ele nos investiu na *total* responsabilida-de por sua publicidade. Se nossa publicidade para a Hathaway tivesse fracassado, a responsabilidade teria sido minha. Mas ela *não* fracassou. Jamais uma marca nacional foi construída a um custo tão baixo.

(5) *Afague a galinha dos ovos de ouro.*
A mais importante operação a que as agências são convocadas talvez seja a preparação da campanha para um novo produto que ainda não saiu do laboratório. Isso nos exige a criação de uma imagem total *ab ovo*.
No momento em que escrevo este livro, estou envol-vido exatamente numa operação dessa natureza. Mais de uma centena de cientistas trabalharam durante dois anos na descoberta do produto em questão. A mim,

foram dados trinta dias para criar sua personalidade e planejar seu lançamento. Se fizer bem o meu trabalho, talvez contribua tanto quanto aqueles cem cientistas para o sucesso do produto.

Este não é um trabalho para principiantes. Ele exige imaginação viva, temperada por argúcia em marketing; conhecimento das técnicas de pesquisa a serem usadas para escolher nomes, embalagens e promessas; habilidade para prever o futuro, quando os competidores lançarão produtos exatamente iguais; e, não menos importante, o talento para escrever anúncios de lançamento. Duvido que exista mais de uma dúzia de pessoas nos Estados Unidos qualificadas por temperamento e experiência para desenvolver tal operação. E a maioria dos clientes espera que ela seja realizada às custas da agência. Se eles investissem no trabalho criativo de lançamento de novos produtos metade do que investem no trabalho técnico de desenvolvimento do produto, veriam abortar um número menor de suas concepções.

(6) *Não submeta sua publicidade a demasiados níveis de julgamento.*

Conheço um anunciante que faz suas agências aprovarem suas campanhas por cinco diferentes escalões da companhia, cada escalão tendo o poder de discussão e de veto.

Isso tem graves conseqüências. Pode causar o vazamento de informações secretas. Prende homens úteis numa série interminável de reuniões desnecessárias. Complica a límpida simplicidade das apresentações originais e, pior que tudo, envenena a atmosfera com "políticas de criação". Os criadores aprendem a conquistar votos atendendo aos caprichos de diferentes executivos. Quando um redator se torna um político, qualifica-se para a descrição de John Webster: "Um político imita o demônio, assim como o demônio imita um canhão: onde quer que ele chegue para fazer uma maldade, ele chega com o traseiro virado para você" (*The White Devil*, c. 1608).

A maioria dos comerciais confusos que você vê na televisão, hoje em dia, são fruto do trabalho de comitês. Comitês podem criticar anúncios, mas não deveriam jamais ser autorizados a criá-los. A maioria das campanhas que levaram marcas à fama e à fortuna surgiu da parceria entre dois homens: um redator talentoso trabalhando lado a lado com um cliente inspirador. Assim foi a parceria de Gordon Seagrove e Jerry Lambert ao construir Listerine. E assim foi a parceira de Ted Moscoso comigo, na publicidade de Porto Rico.

Quando o pessoal da Seagram encomendou-nos uma campanha para os vinhos Christian Brothers, avisaram-me que os anúncios deveriam agradar não apenas ao seu comandante Sam Bronfman, mas também ao irmão-mestre da adega e aos seus colegas monges, no mosteiro dos Christian Brothers no vale Napa. Quando garoto, na escola, eu amava o conto de Daudet sobre Père Gauchet, o monge que se tornou alcoólatra de tanto fazer experiências em busca do licor perfeito. Por isso, decidi tornar o irmão-mestre da adega o herói de nossa campanha.

A Seagram aprovou, e o próprio irmão-mestre não hesitou em assumir o papel de um Comandante Whitehead* eclesiástico. Mas ele se sentiu obrigado a submeter nossos *layouts* ao superior da ordem em Roma, e esse eminente sacerdote carimbou um "negativo" em latim. Pouco depois, um dos cardeais americanos interveio e eu fui convidado a preparar uma campanha "sem impacto". Essa rara determinação tirou o vento de minhas velas e em conseqüência eu mandei o meu *nunc dimittis*. Clientes de sete cabeças apresentam problemas insolúveis.

---

* Presidente da Schweppes, que por muitos anos foi o personagem das campanhas daquela marca. (N. T.)

(7) *Assegure-se de que a sua agência tenha lucro.*
Sua conta compete com todas as outras contas da agência. Se ela não for lucrativa, é pouco provável que a administração da agência coloque a seu serviço os melhores homens. E, cedo ou tarde, eles irão em busca de uma conta lucrativa para substituir a sua.

Está se tornando cada vez mais difícil às agências fazer algum lucro. Para cada 100 dólares gastos pela agência a serviço de seus clientes, resulta hoje um lucro médio de 34 centavos. Nessa base, quase não vale a pena jogar o jogo.

A experiência ensinou-me que os anunciantes conseguem melhores resultados quando pagam à agência um *fee* determinado. O sistema convencional de comissão de 15% é um anacronismo, particularmente nas contas de produtos de largo consumo, em que se espera que a agência dê conselhos objetivos sobre a divisão das despesas de marketing entre publicidade comissionada e promoções não comissionadas. Não é realista esperar que a agência seja imparcial quando seus interesses particulares repousam totalmente no incremento da publicidade comissionada.

Parece-me que o relacionamento cliente-agência é mais satisfatório quando os ganhos da agência não estão relacionados com o tamanho da verba que ela possa convencer seus clientes a gastar em publicidade. Prefiro ficar numa posição que me permita aconselhar meus clientes a gastar mais sem que eles suspeitem dos meus motivos. E gosto de estar na posição de aconselhar meus clientes a gastar *menos* sem incorrer na ira dos meus próprios acionistas.

Não temo uma guerra de preços entre agências. Um período de competição de preços fortaleceria as boas agências e poria as ruins para fora do negócio. O padrão geral de *performance* das agências melhoraria. As boas agências deveriam ser pagas com valores mais altos que as más.

Minha notícia de que a Ogilvy, Benson & Mather estava preparada para atender contas à base de *fee* foi saudada com aprovação por muitas pessoas sensatas fora do negócio das agências. O diretor da McKinsey & Company escreveu: "Sua revelação mostra uma liderança real, ao atacar publicamente um método de compensação superado." Clarence Eldridge escreveu: "Você deve ser congratulado pela coragem de quebrar uma tradição e por abordar o assunto da compensação da agência de maneira lógica e realista. Isso representa um grande avanço."

Mas minha conversão ao sistema de *fee* foi tão malvista por meus colegas agentes de publicidade, que quase provocou minha excomunhão da Associação Americana de Agências de Publicidade, em cujo conselho eu então tinha assento. Durante trinta anos esta augusta sociedade conseguiu fixar o preço dos serviços das agências em 15%, e minha participação na associação dependia da firme obediência a essa regra. Em 1956, o Governo dos Estados Unidos interveio para proibir essa coação, mas a tradição permaneceu. Qualquer agência de publicidade que rejeitasse o valor convencional de comissão era vista como uma malfeitora.

Profetizo que a opinião de Madison Avenue mudará. Aliás, espero ser lembrado como o herege que foi o pioneiro numa atitude que confere *status* profissional aos agentes de publicidade.

(8) *Não pechinche com a sua agência.*

Se você tolerar que os chicaneiros do seu *staff* regateiem com sua agência sobre o pagamento de suas contas, estará cometendo um erro. Se, por exemplo, você for mesquinho no orçamento de pesquisa, acabará sem pesquisa suficiente. Sua agência será forçada a voar às cegas. Isso poderá custar a você sua própria companhia. Se, por outro lado, você se propuser a pagar pré-testes de comerciais, ou a publicação segmentada de anúncios experimentais e todo o aparato de pesquisa publicitária, você estará tornando financeiramente viável que sua agência se dedique à busca contínua de publicidade mais lucrativa.

Não espere que a agência pague por todos os poços secos que ela perfure a seu serviço. Se, por exemplo, ela produz um comercial de televisão que não funciona tão bem quanto o *storyboard* prometia, peça-lhe que tente outra vez, *às suas custas*. A televisão é um meio infernalmente difícil de usar. Até hoje, não vi um só comercial que me satisfizesse, mas não posso bancar o pagamento de 10.000 dólares de meu próprio dinheiro para refazer qualquer um deles.

Quando terminamos a produção do nosso primeiro comercial para o detergente Vim, um sábio homem da Lever Brothers perguntou-me: "Você poderia pensar em alguma forma de melhorar este comercial?"

Confessei-lhe que poderia pensar em dezenove formas. "Bem", disse ele, "nós vamos gastar 4 milhões de dólares na veiculação deste comercial. Quero que ele seja o mais poderoso possível. Refaça-o, e nós pagaremos por isso."

A maioria dos clientes teria insistido em que a agência pagasse para refazê-lo, uma atitude que encoraja as agências a esconder a própria insatisfação com suas produções medíocres.

Quando Arthur Houghton pediu-nos para fazer a publicidade da Steuben, deu-me uma diretriz clara como o cristal: "Nós fazemos o melhor vidro do mundo, o seu trabalho é fazer a melhor publicidade".

Repliquei: "Fazer um vidro perfeito é muito difícil. Mesmo os artesãos da Steuben produzem algumas peças imperfeitas. Seus inspetores as quebram. Fazer anúncios perfeitos é igualmente difícil".

Seis semanas depois, mostrei-lhe a prova do nosso primeiro anúncio para a Steuben. Era em cores, e os fotolitos, que tinham custado 1.200 dólares, estavam imperfeitos. Sem hesitar, Arthur concordou em deixar-me destruí-los e fazer um novo conjunto. Para clientes tão esclarecidos, é impossível fazer um trabalho inferior.

(9) *Seja sincero e encoraje a sinceridade.*

Se você acha que sua agência está tendo um desempenho ruim, ou se você pensa que um determinado anúncio é fraco, não faça rodeios. Exponha sua opinião em alto e bom som. Podem ocorrer conseqüências desastrosas quando um cliente não usa a franqueza nas relações do dia-a-dia com sua agência.

Não estou sugerindo que você faça ameaças. Não diga: "Você é um incompetente mal-educado, e eu contratarei outra agência a menos que você volte amanhã com um grande anúncio!" Tal brutalidade só servirá para paralisar as tropas. É melhor dizer: "O que você acaba de me mostrar não está à altura de seus altos padrões habituais. Por favor, faça uma nova tentativa." Ao mesmo tempo, você deve explicar exatamente o que acha inadequado naquilo que foi apresentado. Não deixe que a agência tenha que adivinhar.

Esse tipo de sinceridade encorajará a agência a ser igualmente sincera com você, e nenhuma parceria pode frutificar sem sinceridade de ambas as partes.

(10) *Estabeleça altos padrões.*

Combata a mediocridade. Deixe claro que você espera que sua agência atinja as estrelas — e derrame elogios quando eles o conseguem.

Muitos clientes acham cômodo culpar sua agência quando as vendas baixam, mas são mesquinhos em dar crédito para a agência quando as vendas crescem. Isso mata o estímulo.

Mas nunca deixe que sua agência descanse sobre os seus lauréis. Continue incitando-os a que busquem maiores altitudes. Pode ser que você tenha uma boa campanha no ar. No dia seguinte da aprovação, peça à agência que comece a criar uma melhor. Tão logo você encontre uma campanha que os testes mostrem ser melhor que sua campanha atual, mude para ela. Mas nunca abandone uma campanha só porque *você* se cansou dela; as donas-de-casa não vêem seus anúncios tão freqüentemente quanto você.

O melhor de tudo é conseguir uma grande campanha e mantê-la por muitos anos. O problema é *encontrar* a grande campanha. Elas não nascem em árvores, e você saberia disso se tivesse, como eu, a função de criá-las.

(11) *Teste tudo.*

A palavra mais importante no vocabulário da publicidade é TESTE. Se você pré-testar o seu produto com os consumidores e pré-testar sua publicidade, terá sucesso no mercado. Vinte e quatro entre cada 25 novos produtos perecem nos mercados-teste. Os industriais que não fazem mercados-teste de seus produtos submetem-se ao custo colossal (e à desgraça) de ver seus produtos fracassarem em escala nacional, em vez de morrerem discreta e economicamente nos testes de mercado. Teste sua promessa. Teste sua mídia. Teste seus títulos e ilustrações. Teste o tamanho dos seus anúncios. Teste a freqüência. Teste o nível de investimento. Teste os comerciais. Nunca pare de testar, e sua publicidade nunca parará de melhorar.

(12) *Apresse-se.*

Muitos jovens nas grandes corporações comportam-se como se o lucro não dependesse do tempo. Quando Jerry Lambert conquistou sua primeira vitória espetacular com Listerine, ele acelerou o processo inteiro de marketing, dividindo o tempo em *meses*. Em vez de amarrar-se a planos *anuais*, Lambert revisava sua publicidade e seus lucros mês a mês. O resultado foi que ele faturou 25 milhões de dólares em oito anos, o que exigiria doze vezes mais tempo da maioria das pessoas. Nos tempos de Jerry Lambert, a Lambert Pharmacal Company regulava-se pelos *meses* e não pelos *anos*. Recomendo esse ritmo a todos os anunciantes.

(13) *Não perca tempo com crianças-problema.*

A maioria dos anunciantes e suas agências gastam tempo demais preocupando-se quanto a reviver produtos em dificuldade, e tempo de menos preocupando-se quanto a fazer um produto de sucesso ter um sucesso maior ainda. Na publicidade, a marca da bravura de um homem está em olhar cara a cara os resultados desfavoráveis de um teste, cortar as perdas e seguir em frente.

Nem sempre é preciso descontinuar o produto. Algumas vezes é possível fazer grandes lucros fora das "*vacas leiteiras*". Pouquíssimos mercadólogos sabem como tirar o leite de marcas moribundas. É como jogar com uma mão fraca no jogo do uíste.

Concentre seu tempo, seus cérebros e a verba de publicidade em seus *sucessos*. Reconheça o sucesso quando ele surge e aumente sua publicidade. Apóie seus vitoriosos e abandone seus perdedores.

(14) *Tolere o gênio.*

Conan Doyle escreveu que "a mediocridade não reconhece nada melhor que ela mesma". Tenho observado que os homens medíocres reconhecem o gênio, ressentem-se dele, e sentem-se compelidos a destruí-lo.

Existem poucos homens de gênio nas agências de publicidade. Mas precisamos de todos os que pudermos encontrar. Quase sem exceção, eles são desagradáveis. Não os destruam. Eles põem ovos de ouro.

(15) *Não gaste de menos.*

Diz Charlie Mortimer, presidente da General Foods e antigo gerente de publicidade daquela companhia: "A maneira mais segura de gastar demais em publicidade é não gastar o suficiente para fazer um trabalho bem

103

feito. É como comprar três quartos de uma passagem para a Europa; você gastou menos dinheiro, mas não chega lá."

Sou levado a pensar que nove entre dez orçamentos de publicidade são muito pequenos para cumprir a missão que lhes é destinada. Se a sua marca gera menos de dois milhões de dólares por ano para publicidade, não tente uma campanha nacional contínua. Puxe as rédeas. Concentre o dinheiro que você tem nos seus mercados mais lucrativos. Ou enfoque sua publicidade para um determinado grupo de renda. Ou abandone completamente a publicidade. Odeio admiti-lo, mas existem outros caminhos para a fortuna.

Yosemite National Park in Kalifornien. Dort ist der größte Sequoia-Baum 64 m hoch — und 3800 Jahre alt.

Sie können in Wäldern spazieren gehen, die schon zur Zeit Caesars uralt waren — in Ihrem Urlaub in den U.S.A.

Im letzten Jahr besuchten 38 028 Deutsche die U.S.A. Sie brauchen kein Millionär zu sein, um den Urlaub Ihres Lebens dort zu verbringen. Zum Beispiel können Sie für nur DM 396,— eine Busfahrkarte kaufen, die Sie dazu berechtigt, 99 Tage kreuz und quer durch das Land zu fahren. Lesen Sie unten weitere überraschende Tatsachen.

Sie können nach New York zwischen Mittag- und Abendessen fliegen. Sie können erholsam mit dem Schiff während eines verlängerten Wochenendes hinüberfahren oder eine kombinierte Flug- und Schiffsreise machen.

Die Fahrpreise sind die niedrigsten in der Geschichte des Transatlantik-Verkehrs. Kein Wunder, daß plötzlich *jeder* eine Reise nach den U.S.A. zu planen scheint.

Sehen Sie sich das Photo oben an. Es wurde in Kalifornien aufgenommen — im herrlichen Yosemite National Park. Ein viertägiger Ausflug mit dem Muli durch das wunderschöne Hochland von Yosemite kostet nur DM 240,—, einschließlich Mahlzeiten, Kosten für den Führer und das gesattelte Muli.

Die Golden Gate Bridge ist für die West-Küste das, was die Freiheits-Statue für die Ost-Küste ist — ein Symbol des Willkommens der Vereinigten Staaten von Amerika.

Den Yosemite können Sie wochenlang durchstreifen — seine Pfade sind insgesamt 1127 Kilometer lang — und Sie sehen immer wieder etwas anderes, einen Wasserfall, der neunmal höher ist als die Niagarafälle und natürlich die Riesenbäume — *Sequoia gigantea*. Diese Veteranen waren schon zu Caesars Zeit alt — und einer von ihnen hat einen Stamm von fast *11 Meter* Durchmesser.

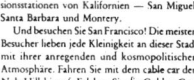

Fahren Sie in den Westen — wie viele Amerikaner

Wenn Sie erst einmal die Staaten im Westen der U.S.A. kennen, werden Sie verstehen, warum so viele Amerikaner *ihren* Urlaub dort verbringen.

Warum nicht mit dem *Bus* fahren? Busgesellschaften in den U.S.A. machen ausländischen Besuchern außerordentlich günstige Angebote:

Eine Besucherin der U.S.A. schrieb dem U.S. Travel Service über ihren Amerika-Urlaub:

„Zum Picknick fuhr ich in die Laramie Mountains, hörte dem Mormonen-Chor in ihrem Tempel in Utah zu, besuchte das Weiße Haus, nahm an einer Gerichtssitzung in Washington, D.C., teil und trank Kaffee mit einem Richter. Ich ging angeln am San Francisco Bay, skilaufen in New England, wellenreiten in Florida.

Bemerkenswert war eine Gastfreundlichkeit, die nirgendwo in der Welt ihresgleichen hat. Diese Reise war ein solches Erlebnis, daß ich nur wünschen kann, viel mehr Europäer würden sie unternehmen."

99-Tage-Fahrten über *unbegrenzte* Entfernungen für nur DM 396,—. Und das in *Luxusbussen* mit Klimaanlage und Liegesitzen.

Sie können den alten „Pony Express trail" bis Cheyenne/Wyoming folgen. Erleben Sie die Rocky Mountains und den Grand Canyon und die Mojave Desert. Besuchen Sie die alten Missionsstationen von Kalifornien — San Miguel, Santa Barbara und Monterey.

Und besuchen Sie San Francisco! Die meisten Besucher lieben jede Kleinigkeit an dieser Stadt mit ihrer anregenden und kosmopolitischen Atmosphäre. Fahren Sie mit dem cable car den Nob Hill hinauf. Erleben Sie die Golden Gate Bridge im Lichterglanz bei Nacht.

„San Francisco hat nur einen Fehler", sagte Rudyard Kipling, „— es fällt sehr schwer, dort wegzugehen."

Wohin Sie in den U.S.A. auch fahren, Sie werden Erlebnisse mitnehmen, von denen Sie noch Ihren Urenkeln erzählen können.

Das ist Patrick Adams, der Enkel des Roten Himmel. Vielleicht treffen Sie ihn in Montana.

Das erste, was Sie tun sollten

Heute wird das Fremdenverkehrsbüro der Vereinigten Staaten offiziell eröffnet. Schreiben Sie, rufen Sie an oder kommen Sie selbst vorbei: Fremdenverkehrsamt der U.S.A., Frankfurt am Main, Große Gallusstraße 1-7, Telefon 29 10 56, Abs. 18

Als nächstes besuchen Sie Ihr Reisebüro, Ihre Schiffahrts- oder Fluggesellschaft. Und fragen Sie bei dem amerikanischen Konsulat an, welche Papiere Sie für das Visum brauchen. Es ist heute viel einfacher, ein Visum zu bekommen — die Bürokratie ist auf ein Minimum reduziert worden.

Reisen Sie in eine neue Welt —
Besuchen Sie die U.S.A.

O Governo dos Estados Unidos escolheu, entre 139 outras candidatas, a Ogilvy & Mather para lançar a campanha "Visite os Estados Unidos".

„Wo sind die Cowboys und die Indianer?"

— eine der ersten Fragen, die über die U. S. A. gestellt werden

Besucher der U. S. A. sind überrascht, wenn sie erfahren, wie sehr der alte Westen der U. S. A. noch lebendig ist. Sie können Zureiter von Wildpferden in Montana sehen, Schlangentänzer der Hopi-Indianer in Arizona — und den unvergeßlichsten Urlaub Ihres Lebens verbringen.

DIE GESCHICHTE der alten Grenze im amerikanischen Westen ist erfüllt vom Donner der Hufe durchgehender Büffelherden und der Trommeln der Indianer.

Heute können Sie erleben, wie ein Teil der Geschichte wieder lebendig wird. Jedes Jahr im Juli erwacht der alte Westen in Cheyenne / Wyoming für eine Woche zu neuem Leben. Das sind die „Frontier Days" — Tage der Grenze —, während der eines der größten Rodeos, der berühmten Cowboy-Feste, veranstaltet wird.

Sommer ist die beste Zeit für Rodeos im Westen der U. S. A. Sie können das Zureiten wilder Pferde und das Einfangen junger Stiere miterleben in diesem ungeheuer weiten, gastfreundlichen Land.

Es gibt über 500 festliche Ereignisse pro Jahr in einem Staat allein, vom Mädchen-Rodeo bis zu Festen von einer Woche Dauer.

Palaver bei den Pawnee-Indianern

Das Erbe der amerikanischen Indianer ist noch im ganzen Land erkennbar. Die meisten Palaver und Stammesfeiern werden jährlich im Juli und August abgehalten. Sie finden Pawnees in Oklahoma, Sioux in den Dakota-Staaten, Hopis in Arizona.

Frau Lucy van Zütphen aus Bad Nauheim schreibt an den U. S. Travel Service:

„Wann immer die Rede von den U. S. A. ist, schwärme ich von meiner Reise dorthin. Ich erzähle von den freundlichen Menschen und ihrer herzlichen Gastfreundschaft."

Sie werden auch von den günstigen Angeboten für Reisen innerhalb der U. S. A. angenehm überrascht sein. Für DM 400,— können Sie 15 Tage lang auf den Strecken von 13 inneramerikanischen Fluggesellschaften reisen. Die Linien führen *durch 48 Staaten* und berühren *mehr als 550 Städte*. (Wenn Sie das Sonderticket schon hier kaufen, sparen Sie 5 % Beförderungssteuer.)

Zwei transkontinentale Busgesellschaften bieten *99 Tage* unbegrenzter Reisen auf ihren Strecken für nur DM 396,—. (Dieses Ticket *müssen* Sie vor Ihrer Abreise bereits hier erwerben.)

Beginnen Sie *jetzt*, Ihren Urlaub vorzubereiten. Dies ist auch das Jahr der Weltausstellung in New York. Sie wird am 22. April eröffnet und dauert bis zum 18. Oktober 46 Länder und über 200 Industriezweige werden eine unvergeßliche Ausstellung bieten

Was Sie zuerst tun sollten

Lassen Sie sich in Ihrem Reisebüro beraten Fordern Sie beim U. S. Travel Service kostenloses Informationsmaterial an. Schreiben Sie oder besuchen Sie das Fremdenverkehrsamt der U. S. A., 6 Frankfurt am Main, Große Gallusstr. 1-7, Telefon 291056, Abt. 36 D

Und vergessen Sie nicht — jetzt kann in den meisten Fällen ein Besuchervisum für die U. S. A. per Post beantragt werden.

Reisen Sie in eine neue Welt —
Besuchen Sie die U. S. A.

O resultado positivo desta série de anúncios ficou registrado num artigo especialmente escrito sobre eles no Handelsblatt, principal jornal de assuntos econômicos da Alemanha.

Schweppes discovers America—and vice versa!

SEEMS like only yesterday that Commander Edward Whitehead, Schweppesman in charge of enlightening un Schwepped regions, set foot on our shores.

Americans tasted Schweppes delicious bitter-flavor. And discovered Schweppervescence those exuberant little bubbles that tickle the taste and delight the soul.

Soon it became practically *unconstitutional* to a Gin-and-Tonic *without* Schweppes.

"Now, not content with coining a brand new language," says the Commander. "I find you Americans are coining new *drinks*. Well, good for you – I've just tasted my first *Vodka*-and-Schweppes, and I must say it's not bad."

Many cities now report a distinct groundswell for *Rum* or *Bourbon* mixed with Schweppes. And Schweppes is also being hailed as a great soft drink- delicious without *anything* added.

Thirsty reader, however you take your Schweppes, you can be certain of two things: First, that the Schweppervescence will last your whole drink through. And second, that you are drinking the original and authentic Quinine Water. Famous since Commander Whitehead's great-great-grandfather was a midshipman.

P.S. If your storekeeper – or favorite bar – does not yet have Schweppes, drop us a card and we'll take the necessary steps. Address Schweppes, 30 East 60th Street, New York City.

Consumidores podem ser usados como símbolo de produtos. Oito anos após o início desta campanha, o consumo de Schweppes nos Estados Unidos tinha aumentado em 517%.

Now Puerto Rico Offers 100% Tax Exemption to New Industry

by BEARDSLEY RUML

"We don't want <u>runaway</u> industries" says Governor Muñoz. "But we do seek <u>new</u> and <u>expanding</u> industries." Federal taxes do not apply in Puerto Rico, and the Commonwealth also offers full exemption from local taxes. That is why 317 new plants have been located in Puerto Rico, protected by all the guarantees of the U. S. Constitution.

In a dramatic bid to raise the standard of living in Puerto Rico, the Commonwealth Government is now offering U. S. manufacturers such overwhelming incentives that more than three hundred new factories have already been established in this sunny island, 961 miles off the Florida Coast.

First and most compelling incentive is the 100% tax exemption for most manufacturers who set up new plants in Puerto Rico.

For example, if your company is now making a net profit after taxes of $53,500, your net profit in Puerto Rico would be $100,000 — a gain of 87 per cent, simply because Federal corporate income taxes do not apply in Puerto Rico and all local taxes are waived as well.

A recent analysis for one Ohio firm revealed that due to tax exemption and operating economies it will increase its net profit from $187,000 to $442,000 a year by locating its new plant in Puerto Rico.

Your dividends in Puerto Rico from a corporation there could be $50,000 against $25,000 net in the U.S — because Federal personal income taxes do not apply either.

What About Labor?

Puerto Rico's labor reservoir of 650,000 men and women has developed remarkable levels of productivity and efficiency—thanks, in part, to the Commonwealth's vocational training schools. These schools also offer special courses for managers and supervisors.

The progress made in technical skills may be gauged from the fact that there are now twenty-eight factories producing delicate electronic equipment.

Among the U. S. companies that have already set up manufacturing operations in Puerto Rico are Sylvania Electric, Carborundum Company, St. Regis Paper, Remington Rand, Univis Lens, Shoe Corporation of America, and Weston Electric.

"Close to Paradise"

Listen to what L. H. Christensen, Vice-President of St. Regis Paper, says:

"The climate is probably as close to paradise as man will ever see. I find Puerto Ricans in general extremely friendly, courteous and cooperative."

How Corporate Tax Exemption Boosts Profits

If your net profit after U. S. Corporate Income Tax is	Your net profit in Puerto Rico would be	Your gain with exemption
$ 17,500	$ 25,000	$ 7,500 (+ 43%)
29,500	50,000	20,500 (+ 69%)
53,500	100,000	46,500 (+ 87%)
245,500	500,000	254,500 (+ 104%)
485,500	1,000,000	514,500 (+ 106%)

How Dividend Tax Exemption Boosts Income

If your income* after U. S. Individual Income Tax is	Your net income in Puerto Rico would be	Your gain with exemption
$ 3,900	$ 5,000	$ 1,100 (+ 28%)
7,360	10,000	2,640 (+ 36%)
10,270	15,000	4,730 (+ 46%)
14,850	25,000	10,150 (+ 68%)
23,180	50,000	26,820 (+ 116%)
32,680	100,000	67,320 (+ 206%)
43,180	200,000	156,820 (+ 363%)
70,180	500,000	429,820 (+ 612%)

These examples are figured for dividends paid in Puerto Rico to a single resident. Based on Federal rates effective Jan. 1, 1954.

"This plant in Puerto Rico is one of our most efficient operations, in both quality and output. Our labor has responded well to all situations."

Mr. Christensen might have added that the temperature usually stays in the balmy 70's twelve months a year. You live outdoors.

The swimming, sailing and fishing are out of this world. And your wife will rejoice to hear that domestic help is abundant.

Puerto Rico's Finest Hour

If you decide to locate your next plant in Puerto Rico, you will not only get the economic advantages of tax exemption and government assistance. You will also find it immensely stimulating to be a part of Operation Bootstrap, to share in the upsurge of one of the fastest growing communities in the Western Hemisphere.

This is, perhaps, Puerto Rico's finest hour. And the U. S. manufacturers who decide to become a part of it will not go unrewarded, financially or spiritually.

The Commonwealth will leave no stone unturned to help you get started. It will build a factory for you. It will help you secure financing. It will even screen job applicants for you — and then train them to operate your machines.

Transportation

Six steamship companies and four airlines operate regular services between Puerto Rico and the mainland. San Juan is just 5½ hours by air from New York.

Favorable transportation has enabled one mid-west manufacturer to build *one* larger and more efficient plant in Puerto Rico instead of two smaller plants on the mainland — and service both California and New York markets economically.

Light-weight articles such as radar components come off the line in Puerto Rico one day and are delivered by air freight next day in Los Angeles, Chicago and other mainland cities. And, of course, there is no duty of any kind on trade with the mainland.

Are You Eligible?

Says Governor Muñoz: *Our drive is for new capital. Our slogan is not "move something old to Puerto Rico," but "start something new in Puerto Rico" or "expand in Puerto Rico."*

The Commonwealth is interested in attracting all suitable industries, and especially electronics, men's and women's apparel, knitwear, shoes and leather, plastics, optical products, costume jewelry, small electrical appliances and pharmaceuticals.

To get all the facts, and to find out whether you and your company would be eligible for *complete* tax exemption, telephone our nearest office.

New York ..... MU 8-2960 ..... 579 5th Ave.
Chicago ...... AN 3-4887 ..... 79 W. Monroe
Los Angeles ... WE 1-1225 ..... 552° Wilshire

Or mail coupon for free booklet.

Este foi o anúncio mais produtivo que já escrevi. Beardsley Ruml aceitou assiná-lo sem alterar uma só palavra. O anúncio atraiu grande número de indústrias para Porto Rico.

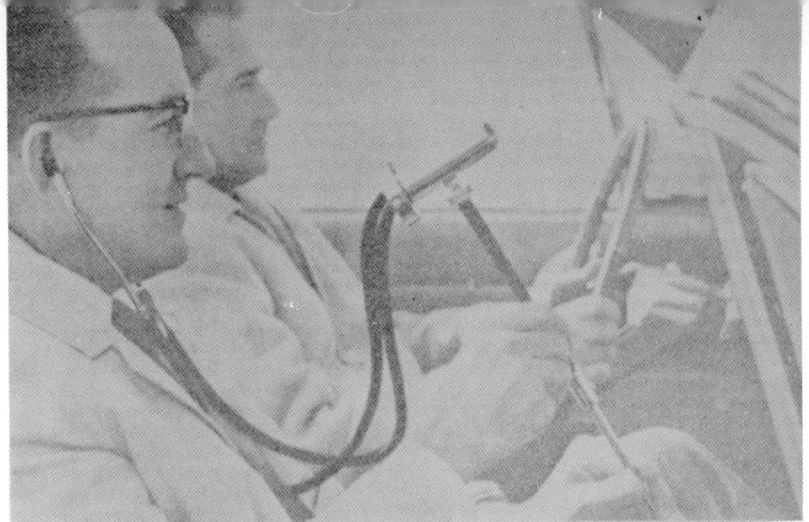

Shell engineer uses stethoscope to help detect noise the ear alone can't hear. Today's Super Shell fights three different engine noises to give you top performance.

NOISY ENGINE?

Super Shell's nine ingredients include 3 noise-fighters for top performance. <u>Alkylate</u> fights high-speed knock. <u>TCP</u> fights wild ping. And an <u>anti-knock</u> <u>mix</u> fights ordinary knock.

Here are the facts on 3 pesky engine noises. Why they may be signs of trouble. How one of them could be pounding away in your engine without your knowing it. And how today's Super Shell fights them all.

SHELL scientists will tell you that *good gaso-line should fight these three engine noises:*
• *High-speed knock* – a form of knock that can be damaging, even though it's often hard to hear. Our picture above shows one way that Shell scientists check for it.
• *Wild ping* – a sudden, erratic clatter that's usually caused by gasoline igniting before it should.
• *Plain, old everyday knock* – the familiar, irri-tating noise that has plagued motorists for years.

Each of these problems calls for a different solution. That's why Super Shell's 9-ingredient blend includes 3 different noise-fighters. If you value your car's engine, the few minutes it takes to read about these noise-fighting ingre-dients may be well worth your while.

Noise #1. High-speed knock – how Super Shell fights it

High-speed knock makes a sharp, high-pitched noise – like metal tapping against metal. And because it's most likely to occur in hot engines

at turnpike speeds – when the wind is really whistling past your car – high-speed knock may be difficult to hear.

But even though you may not hear it, high-speed knock can be bad for your engine. It can pound away at pistons – even lead to costly damage.

Fortunately, high-speed knock isn't too com-mon. But Shell scientists have known about it for a long time. Ever since they pioneered the development of a substance called Alkylate. That was over 20 years ago. Alkylate was used then to combat hot-engine knock in aircraft – a very serious problem at that time. Today, Alkylate is an ingredient in Super Shell gasoline.

Noise #2. Wild ping – how Super Shell fights it

Wild ping doesn't last long. Usually just a few seconds. It sounds like the erratic beat of a nervous drummer.

This clatter is actually a series of premature explosions. Not very good for your engine.

They're caused by glowing deposits that ignite the fuel too soon.
Super Shell's famous TCP additive tackles this problem at the source.
It acts to "fireproof" deposits that might glow and cause trouble. Result: chance of wild ping is greatly reduced.

Noise #3. Ordinary knock – how Super Shell fights it

Most people have heard ordinary knock at one time or another. A Shell expert describes it this way: "Sounds like marbles dropping into an empty oil drum."

Super Shell's anti-knock mix is so powerful that a teaspoon per gallon is enough to raise anti-knock rating a full five points.

This anti-knock mix helps regulate the combus-tion of today's Super Shell. Thus, each piston gets a firm, even push. Not a sharp, jarring jolt. Result: your engine runs more quickly.
IMPORTANT: If your engine knocks persistently, it could be that your ignition timing is out of adjustment. Ask your Shell dealer to take care of this for you.

Now that you know how Super Shell's three noise-fighters work, take a moment more to read how the other ingredients in Super Shell's 9-ingredient blend help your car give you top performance.

How Super Shell's other ingredients help you get top performance

Cat-cracked gasoline helps you get smooth, even power. It's made by actually tearing petro-leum apart.
Gum preventive helps keep carburetors clean inside.
Platformate is for extra mileage.
Butane is the quick-starting ingredient. It's so lively it could even boil on ice.
Pentane mix acts like kindling in a log fire, helps speed the warm-up process.
Anti-icer (added in cold weather) helps check carburetor icing that can stall you fast.

SHELL

WATCH "SHELL'S WONDERFUL WORLD OF GOLF" ON TV SUNDAY AFTERNOONS

As empresas de venda por correio, que podem medir a resposta às suas ofertas, sempre redigem textos longos. Eu também. 25% dos leitores do sexo masculino reagiram favoravelmente a este texto e muitos deles passaram a abastecer com a Shell.

The Rolls-Royce Silver Cloud—$13,550.

"At 60 miles an hour the loudest noise in this new Rolls-Royce comes from the electric clock"

*What makes Rolls-Royce the best car in the world? "There is really no magic about it—
it is merely patient attention to detail," says an eminent Rolls-Royce engineer.*

ROLLS-ROYCE AND BENTLEY

JET ENGINES AND THE FUTURE

See the Rolls-Royce and Bentley at Stand 13, International Automobile Show, New York Coliseum, April 5–13.

Dados e fatos são sempre melhores na publicidade do que o palavreado vago. Quanto mais fatos e dados você comunicar, mais venderá. Repare no longo título e no texto de 719 palavras. Fatos, de ponta a ponta.

The quiet upper reaches of the Thames near Lechlade in Gloucestershire.

Depois da publicação deste anúncio, o número de turistas americanos que vão à Inglaterra quadruplicou. *The Economist* afirmou: "Bela vitória para uma ilha pequena e úmida".

Consegui conquistar a Sra. Roosevelt, e ela deu um depoimento
sobre a margarina Good Luck. Esta foto registra o instante em
que ela dizia: "A nova Good Luck é realmente deliciosa".
Acho-a maravilhosa.

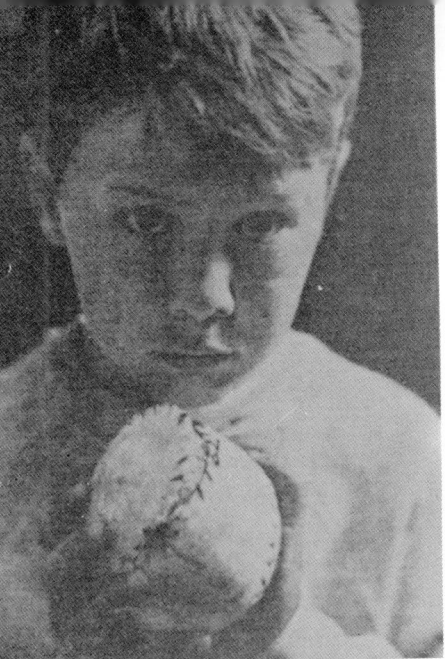

How to get your money back at Sears

Just ask for it! When Sears, Roebuck and Co. says: *Satisfaction guaranteed or your money back*, there are no ifs, ands, or buts about it. Read how Sears backs up its famous promise. Not sometimes, but *all the time*.

"We guarantee satisfaction and safe delivery on everything you order."

These words first appeared in a mail-order catalog 84 years ago. They were written by Richard Sears – a young Chicago merchant who built a giant business by giving his customers a fair shake for their money. Today, Sears, Roebuck and Co. still faithfully observes its promise: Satisfaction guaranteed or your money back.

How Sears keeps its promise

How can Sears *afford* to back up this ironclad guarantee? By making certain that customer dissatisfaction is almost as rare as a blizzard in July.

FIRST: Sears buyers work closely with suppliers to develop and manufacture the items that Sears carries.

These suppliers respect Sears high standards. They know they are sure of large and regular orders as long as Sears standards are met. The supplier benefits. Sears benefits. And *you* benefit.

SECOND: Sears maintains the world's largest private laboratory for testing merchandise. Its staff of scientists tests over 20,000 items a year. They develop new products. Improve old ones. They compare Sears merchandise with similar items sold by others.

This laboratory has absolute veto power over any item that does not meet its high standards.

THIRD: Sears never takes quality for granted. Even after an item has been okayed by the laboratory, Sears keeps tabs on it to make sure its quality never varies. For example, when a manufacturer ships merchandise, Sears pulls samples from the order for inspection. If a flaw is spotted, the defective merchandise is sent back to the manufacturer.

That rare exception

Sears does everything humanly possible to prevent a slipup. But they happen from time to time. Suppose one happened to you.

Just bring it back to Sears and explain what's the matter. You'll find out that Sears means it when it says: *Satisfaction guaranteed or your money back.*

It really happened at a Sears store in Hartford. The Sears salesman took one look at that expression and handed the youngster a brand-new softball. Satisfaction guaranteed or your money back.

A Sears, Roebuck movimenta anualmente cerca de 5 bilhões de dólares, o que representa mais do que a soma das 10 maiores empresas do ranking depois dela.

Sessenta por cento dos norte-americanos compram na Sears, Roebuck. Nossa campanha visa principalmente tornar conhecidos o atendimento e a seriedade da empresa, sem promover as mercadorias que vende.

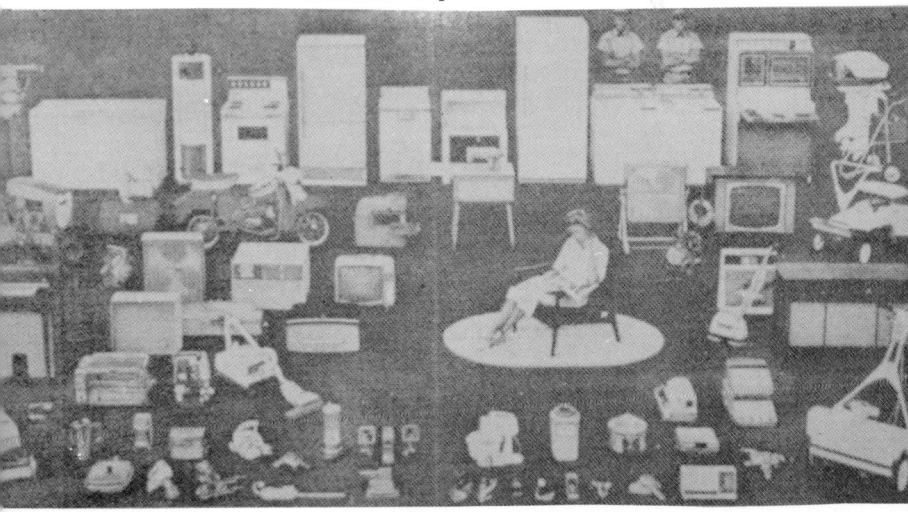

In part, these Norelectronic kits and Charles Patten, of the Sears Service Center in Phoenix, are typical of Sears' 8,600 servicemen.

How  restores your faith in <u>service</u> on home appliances

Getting service on appliances is one of the consumer's biggest headaches today. Read how Sears, Roebuck and Co. gives efficient service on the Sears appliances you buy.

ALL the modern work-savers make life a dream. *Just as long as they stay on the job.*

But maybe you've sometimes lost faith in this brave new mechanical world. When your TV set went on the blink again, just after it was fixed. Or your freezer failed, and you couldn't get service for days. Or you needed spare parts for the washer, and found them out of stock.

appliances are a nuisance or a blessing depends on service.

That's why Sears has taken steps to give you the kind of complete, dependable service you have every right to expect. Here are the three ways Sears does it.

First, through meticulous testing in the famous Sears laboratory. Thoroughly *proved* appliances are less likely to break down in the first place.

for the Sears appliances or mechanical items you buy – during their reasonable life expectancy.

Third, by providing a *new* Sears service units across the country. Prompt and efficient service by a Sears repair specialist is available, at reasonable cost, in every town that has a Sears retail store or catalog sales office.

All this costs Sears a packet of money, but it pays divi-

Today at 9 a.m. Morgan Guaranty
returns to the most famous
address in banking — 23 Wall

TODAY'S MOVE is a homecoming for many of the people at Morgan Guaranty.

They will be returning to the building in our photograph — at 23 Wall. This address, in the heart of New York's financial district, has been part of the bank's history for over ninety years.

Some Morgan Guaranty people have spent more than half of their working lives here — and they could tell you some interesting things about the place. Here are a few:

1. Banks were designed to be impregnable when this building was built—back in 1914. Those blocks you see are *three feet thick*.

2. J. Pierpont Morgan himself took a hand in the building's design. Much of the architectural detailing is his.

He even selected the marble. Pink marble—from the quarries of Tennessee.

3. The building has had a variety of names. The *Wall Street Journal* christened it "the house on the corner." Most people in the financial community call it "the Corner." But the best known name is the number: 23 Wall.

4. At high noon on September 16, 1920 — a horse and wagon pulled up on the north side of Wall Street, just across from the bank. The driver climbed down from his perch and disappeared into the crowd. A few seconds later, the wagon exploded like a warehouse full of TNT. The roar shattered the calm of the corner and sent debris rocketing across the street. The bank was slammed with flying wood, rock and rusty iron. You can still see the scars.

5. Five years ago, when J. P. Morgan & Co. merged with Guaranty Trust, most of the Morgan people moved in with the Guaranty people at 140 Broadway. But there just wasn't room for everybody.

To get the whole family under one roof, the bank decided to move back into 23 Wall and the 38 story building that adjoins it on two sides. Both buildings have been renovated. Combined floor space: twelve acres. Plenty of room for everybody.

Morgan Guaranty will continue its banking offices in the midtown and uptown areas — Fifth Avenue and 44th Street, 40 Rockefeller Plaza, 60th and Madison.

But today, the news is at 23 Wall. Homecomings don't happen every day.

Morgan Guaranty Trust Company of New York · MAIN OFFICE 23 Wall Street, New York 10015 · (phone: HA 5-2323)
MIDTOWN OFFICES 5th Ave. at 44th St., New York 10036 · Madison Ave. at 60th St., New York 10021 · 40 Rockefeller Plaza, New York 10020 · (phone: MUrray Hill 2-1200) · CABLE ADDRESS Morgan
Member Federal Deposit Insurance Corporation

Ogilvy, Benson & Mather é, no ramo publicitário, o que Morgan representa no ramo bancário: não a maior, mas a melhor (pelo menos é o que espero).

THE FISH THAT SNAPPED UP THE ZIPPO LIGHTER WAS A GREAT NORTHERN PIKE, ONE OF AMERICA'S SCRAPPIEST GAME FISH.

The amazing story of a Zippo that worked after being taken from the belly of a fish

r. Harry Best, recently retired fish and game ›otector for the New York State Conservation epartment, told this remarkable but true story › the Zippo man:

"A party, just west of Cleveland on Oneida ake, was fishing for Great Northern Pike Three Mile Bay. They caught a Pike that eighed about 18 pounds. When they dressed e Pike, in the stomach was one of your lighters. The Pike must have picked it off the bottom or could have grabbed it before it got to the bottom. The lighter was in fine shape which showed that it had not been lost long. The best part of it was that the Zippo lit the first time."

Even for a fisherman, it's quite a yarn. But then there are thousands of other Zippo lighters which have lived through adventures that would have made brave Ulysses' hair stand on end.

The Zippo man is not surprised that the lighter worked. He makes every one of his lighters to work. Not just for weeks, months or years, but *forever!*

Whether you buy your Zippo lighter in a store or find it in a fish, the Zippo man offers you his same incredible guarantee: No matter how old it is or what its condition, if a Zippo ever fails to work, *he'll fix it free!*

proof Zippo r. In five popular designs. $5.00

New Zippo Slim-Lighter. Same dependable action, polished chrome. $4.75

Regular Zippo. Made Zippo famous. Brush-finish chrome. $3.50

Gold-filled Zippo. 10-kt. gold fused to case, not plated. $20.00*

Engine-turned Zippo. Smart new design in polished chrome. $5.75

New Zippo Slim-Lighter. Ribbon design, gleaming chrome finish. $6.00.

If you don't see Zippo on the bottom of the lighter, it's not a genuine Zippo.

t to 10% Retail Excise Tax · ZIPPO MANUFACTURING COMPANY, BRADFORD, PA. IN CANADA: ZIPPO MANUFACTURING COMPANY, CANADA LTD., NIAGARA FALLS, ONTARIO

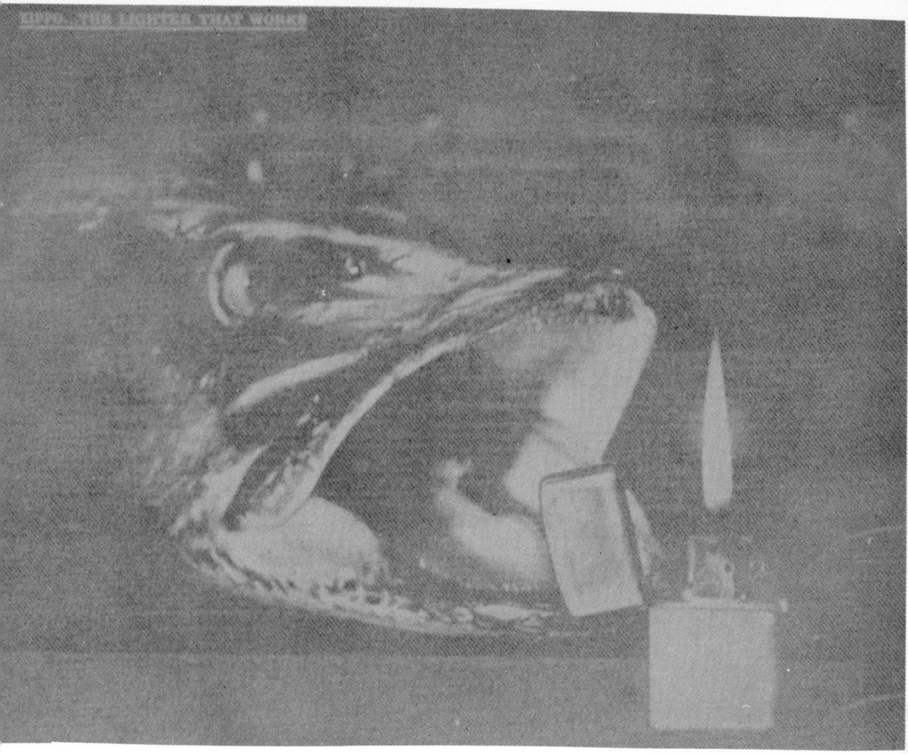

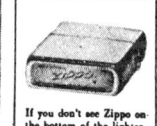

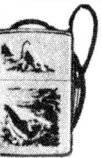

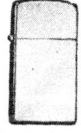

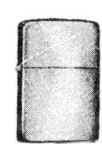

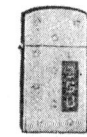

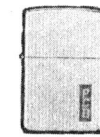

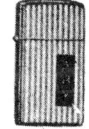

Um exemplo da boa exposição do texto de um anúncio. Clara e simples, sem confusão, sem nada escrito a mão, sem símbolos.

The man in the Hathaway shirt

CANADIAN MEN are beginning to realize that it is ridiculous to buy and then spoil the effect by wearing an ordinary, mass-produced shirt. Hence the growing popularity of HATHAWAY shirts, which are in a class by themselves.

HATHAWAY shirts make infinitely longer—a matter of years. They make you look younger and more distinguished, because of the subtle way HATHAWAY cut their collars.

The whole shirt is tailored more generously, and is therefore more comfortable. The tails are longer, and stay in your trousers. Even the single-needle stitching has an ante bellum elegance about it.

Above all, HATHAWAY make their shirts of remarkable fabrics, collected from the four corners of the earth.

Broadcloth and Lawns from England, voile and woolen taffeta from Scotland, Sea Island cotton from the West Indies, hand-woven madras from India, oxfords and hand-blocked silks from England,

exclusive cottons from the best weavers in North America.

You will get a great deal of quiet satisfaction out of wearing shirts which are in such impeccable taste.

HATHAWAY shirts are made by a small company of dedicated craftsmen in the little town of Prescott, Ontario.

At better stores everywhere, or write WELLINGTON-HATHAWAY, Ltd., Prescott, for the name of your nearest store. Prices from $9.95 to $25.00

The Gun is a $2,000 Purdey from England
(The shirt: A Sykes, Sea Island Cotton from Hathaway)

THIS Sea Island cotton is astounding stuff — with fibers *three times longer* than those of ordinary cotton. It is described in the advertisements as "soft as swansdown, lustrous as satin, absorbent as wool, durable as linen." It is grown on St. Vincent, Antigua, St. Kitts, Montserrat, Nevis and Barbados.

Then it travels. Between being plucked

in the balmy Caribbean sunshine, and its final apotheosis as a shirt by HATHAWAY of Canada, this nonesuch among cottons has been to England and back.

The Sykes Sea Island yarn is spun with loving care by Thomas Oliver & Sons, then woven on the looms of Ashton Brothers—two of the finest mills in England. Notice the extraordinary sheen. You

can almost feel its downy softness.

The shirts are superbly tailored, with all the HATHAWAY hallmarks—long tails, single-needle stitching, impeccable collar. Price $15 in colors and white; at stores that keep up the great tradition.

For the name of the store nearest you write WELLINGTON-HATHAWAY, Ltd., Prescott, Ontario.

Esta campanha — uma boa idéia surgida em uma terça-feira chuvosa e fria — tornou-se famoso. Eu teria preferido criar a minha fama não apenas por uma "inspiração", mas por um sólido raciocínio.

Hathaway revives the striped tartan

"I HAD not known that tartans were ever made in *stripes*, until I visited Drummond Castle, and there saw striped tartans dating back to the 18th century."

So wrote the head of Hathaway from Scotland early this year.

Fired by his discovery, he immediately bicycled over to the town of Auchterarder, there to closet himself with James White, the great Scottish weaver.

Out of that conference came a striped

tartan in the great tradition. Woven into a magnificent new kind of *winter cotton*—lightweight but cozy. Just the ticket for any man who likes a comfortable shirt for cold weather but doesn't like wool.

It comes in no less than fifty-two striped tartans and other designs. Each shirt is identified by the famous red H for Hathaway at the gusset on the tail. For more names, write C. F. Hathaway, Waterville, Maine. In New York, call OX 7-5566.

A view of the old town of Nuremberg, from the fortress. Nuremberg is one of 10 cities in Germany served by KLM.

<u>Seven</u> navigation systems guide your KLM jet to Europe. Read 14 other facts you should know about the careful, punctual Dutch and the <u>reliability</u> of KLM.

very KLM jet flying to Europe has weather radar and no less than seven naviga-on systems. Many experienced travelers believe that KLM is the most <u>reliable</u> all airlines. Read these fascinating facts and you will know why.

KLM pilots achieve rank by *hard work*. It es at least twelve years of flying to become KLM Pilot First Class.

Thirty percent of KLM's maintenance work done for other airlines.

KLM was the first European airline to be thorized by the Federal Aviation Agency to erhaul planes for U.S. airlines without fur-r inspection.

KLM also trains flying crews for other air-es. A nice compliment to KLM reliability.

Ultrasonic washing

KLM uses ultrasonic washing machines to an engine parts, ultraviolet light to inspect m, infrared ovens to dry them. But to clean linders and pistons, KLM craftsmen use ushed *cherry-stones* — which can be blasted ainst the parts at tremendous pressure with-t scratching them.

Dr. G. Paul Butler, lecturer and editor, com-ents in his Butlers' Guides that KLM "has n worldwide respect for its high standards reliability and courtesy."

7. A KLM stewardess learns make-up from Elizabeth Arden in Holland, speaks at least *four* languages fluently, and walks *eight miles* on a flight to Europe.

8. First class meals on KLM are served on exquisite Hutschenreuther china. It was specially designed for KLM worldwide services. No easy task. The china has to withstand tropical heat, deep freezing, reheating, washing. KLM insisted it had to be elegant too. It is.

9. KLM first class meals include three *Grand Vins*. Typical selection: Champagne Moët 1959, Zeltinger Schwarz-lay 1959 and Mouton Cadet 1955.

10. KLM was the first airline to have its own medical service along its routes. Many people traveling under doctor's orders have become regular KLM passengers for this reason.

11. The total length of KLM's route network is 168,000 miles—the world's second longest network.

12. At Amsterdam Airport, you can

buy European cars *tax-free*, at savings t $3,000. And cameras, watches, perfumes an liquor—often at less than half U.S. prices.

New low group fares*

13. You can now fly from New York to Amste dam with a qualified party of twenty-five o more people and *save almost $200 each* on th round-trip jet economy fare.*

14. Here is a remarkable KLM stopover ba gain. When you fly first class from New Yor to Rome by KLM jet, you can actually go o return via the Caribbean and visit 9 countrie in Europe for *no extra fare.*

*Valid for departures on or before May 31 (during May, Mon. through Thurs. only)

For information, see your travel agent, call KLM or mail coupon.

KLM Royal Dutch Airlines
609 Fifth Avenue, New York 17. Tel: PLaza 9-3600

Please send comprehensive color portfolio, "Europe in the palm of your hand."

Mr/Mrs/Miss_____

Address_____

City_____ Zone___ State___

_____
(Name of your travel agent)

Está comprovado que fotografias e ilustrações daquilo que espera a pessoa em seu destino de viagem têm mais valor publicitário do que fotos sofisticadas ou imagens de aviões, por exemplo.

Men, with the help of IBM computers, are solving the problems of travel in outer space without leaving the ground.

Report on space travel:

IBM computers "land" a man on the Moon

A YOUNG SCIENTIST named Dr. Bret Charipper recently flew to the moon. It was a routine trip for Dr. Charipper. He made it in a spacecraft mock-up at IBM's Space Guidance Center in Owego, New York.

While his colleagues – and an IBM computer – monitored his controls, Dr. Charipper blasted his spacecraft out of a simulated orbit around the moon and watched the lunar mountains grow big on his viewing panel. Six minutes later he eased his spacecraft down toward the designated landing area – the center of a large crater.

Though "simulated," these flights are of the highest scientific importance to man's future in space.

Thousands of them have been made by scientists at research centers studying space travel.

For instance, IBM computers are now helping engineers understand the complex problems that Project Gemini astronauts will encounter in space. Three minutes after each simulated flight, the computer prints out a record of the pilots' performance, including spacecraft control and landing accuracy.

Simulation – the science of testing events before they occur

Space travel is only one of many fields now being diligently explored by IBM computers, with the help of special simulation programs.

A simulation program actually supplies a computer with a mathematical "model" of a project *while it's still on the drawing board.*

The computer can then predict in great detail how that project will function under hundreds of different – or changing – circumstances.

IBM simulation programs are helping engineers find out how new highways will cope with different traffic conditions – before spending a dollar for their construction.

Other simulation programs are helping the U.S. Weather Bureau investigate ways to forecast weather months in advance. This research could someday lead to actual weather control.

Computer simulation is testing out the designs of tomorrow's passenger planes, the types of stores we'll be shopping in, and hundreds of new ideas that will improve our daily life in the years to come.

Computers don't think. They are only machines. But thinking men use them to analyze more things at once than the mind can grasp. With the new simulation programs, computers are helping man's most daring dreams become reality, including that eventual trip to the moon.

IBM.

Este exemplo, dentre uma série de anúncios, procura ilustrar os esforços da IBM no sentido de contribuir para a tecnologia e, com isto, melhor servir à humanidade.

CODS : An oyster of superb flavor. ...f enemy is the starfish, which wraps ...s about the oyster and forces the ...open with its feet. The battle lasts ...rs, until the starfish is rewarded ...good meal, but alas, no Guinness.

GUINNESS GUIDE TO OYSTERS

NEW ORLEANS : This was Jean Lafitte's oyster, which is now used in Oysters Rockefeller. Valuable pearls are never found in *ostrea virginica*, the family to which East Coast oysters belong.

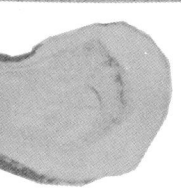

...PORT : These oysters have a salty ...all their own. They were a smash hit ...e whalers who shipped out of Green-...n olden days. Oysters contain iron, ..., iodine, calcium, magnesium, phos-...s, Vitamin A, thiamine, riboflavin ...iacin. The Emperor Tiberius prac-...lived on oysters.

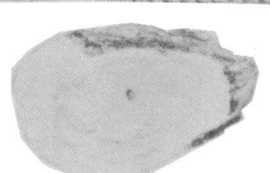

OYSTER BAY: Oyster Bays are mild and heavy-shelled. It is said that oysters yawn at night. Monkeys know this and arm themselves with small stones. They watch for an oyster to yawn and then pop the stone in between the shells. "Thus the oyster is exposed to the greed of the monkeys."

TANGIER : This is one of the sweetest and most succulent oysters. It comes from the Eastern Shore of Maryland. Poçahontas fed Tangiers to Captain John Smith, with famous results. Oysters go down best with Guinness, which has long been regarded as the perfect complement for all sea-food.

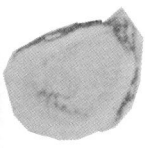

...OINTS : These delicious little oysters ...Great South Bay somewhat resemble ...mous English 'natives' of which Dis-...wrote: "I dined or rather supped at ...arlton . . . off oysters, Guinness and ...I bones, and got to bed at half past ... Thus ended the most remarkable ...therto of my life."

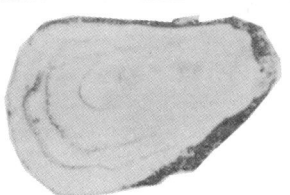

LYNNHAVEN : These gigantic oysters were Diamond Jim Brady's favorites. More fishermen are employed catching oysters than any other sea food. The Damariscotta mound in Maine contains three million bushels of oyster shells, piled there by prehistoric Bradys.

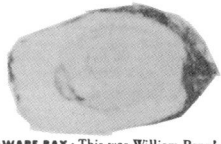

DELAWARE BAY : This was William Penn's favorite oyster. Only 15% of oysters are eaten on the half-shell. The rest find their way into stews, or end their days in a blaze of glory as "Angels on Horseback." One oyster was distinctly heard to whistle.

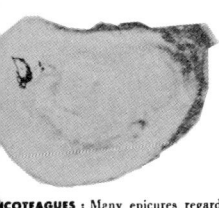

...NCOTEAGUES : Many epicures regard ...coteagues as the supreme aristocrats ...e oyster tribe, but some West Coast ...mets prefer the Olympia oyster, which ...o bigger than your thumbnail. Both ...coteagues and Olympias are at their ...with Guinness.

Aᴸᴸ ᴏʏsᴛᴇʀs taste their best when washed down with drafts of Guinness—what Professor Saintsbury in "Notes On A Cellar Book" called "that noble liquor—the comeliest of black malts." Most of the malt used in brewing Guinness comes from the fertile farms of Southern Ireland, and the yeast is descended from the yeast used by Guinness in Dublin one hundred and ninety years ago.

Guinness® Stout brewed by Arthur Guinness Son & Co., Inc., Long Island City, N.Y. ©19..

Huckleberry Finn's Mississippi ist heute kaum 10 Stunden von Frankfurt entfernt. Eine Fahrt auf einem Riverboat kostet etwa DM...

Eine Woche durch die U.S.A. für 392.- DM

10,362 G
Frankfurter Allgemeine Zeitung – April 10, 196?
null   – April 11, 196?
null am Samstag   – April 11, 1962
final proof

Ein Liter Benzin kostet nur 32 Pfg. Sie können in Motels mit Swimming Pool bereits für DM 22.- übernachten. Erleben Sie den Grand Canyon für DM 46.- inklusive Muli. Verbringen Sie eine Woche auf einer Ranch. Das sind Erlebnisse, die Sie nie mehr vergessen werden.

IMMER mehr Menschen träumen nicht nur von Ferien in den U.S.A. — sie fahren hin. Und sie stellen verblüfft fest, es ist gar nicht so teuer, wie sie dachten.

Ein komfortables Einzelzimmer in New York, Washington oder San Francisco kostet ca. DM 28.- pro Tag. Sie bekommen für DM 4.- ein Lunch, ein vorzügliches Diner für DM 10.- und weniger. Sie können eine ganze Woche lang für DM 392.- durch die U.S.A. reisen — ohne sich einschränken zu müssen.

Flugreisen sind in den Staaten billiger, und Busgesellschaften machen ausländischen Besuchern außerordentlich günstige Angebote: „99 days for 99 Dollars". 99-Tage-Fahrten über unbegrenzte Entfernungen für DM 396.-. Wohlgemerkt in Luxusbussen mit Klimaanlagen, Liegesitzen, neuen Fenstern — und Toiletten.

In den U.S.A. können Sie 3000 Meilen reisen, ohne eine Grenze zu passieren oder den Paß vorzuzeigen. In Europa würden Sie bei gleicher Entfernung 10 verschiedene Länder passieren, mit verschiedenen Gesetzen und verschiedenen Sprachen — und zehnmal am Zoll Ihren Koffer öffnen.

Was sollten Sie zuerst sehen?

Ein guter Ausgangspunkt für Ihre Reise ist die „Wiege der Nation" — New England.

In Old Sturbridge, einem genau rekonstruierten Städtchen aus der Zeit des Unabhängigkeitskrieges, glauben Sie sich um 200 Jahre zurückversetzt. Gehen Sie in die sauberen, weißen Holzhäuser und sehen Sie sich die geknüpften Teppiche, die selbstgesponnenen Vorhänge, die schmiedeeisernen Franklin-Öfen und die Öllampen an. Die ersten Siedler waren außerordentlich stolze Menschen. Auf Messing,

Holz, Porzellan und Stickereien — überall ist der amerikanische Adler zu sehen. Genießen Sie ein „shore dinner": gedämpfte Muscheln, Hummer, Mais am Kolben, warme Apfeltorte und Kaffee — für DM 14.-.

Mieten Sie einen Wagen und fahren Sie die atlantische Küste entlang, von New England bis Washington. Kosten für eine Gesellschaft von vier Personen sind etwa DM 44.- pro Tag und Person, inklusive Mahlzeiten, Besichtigungen und Übernachtung in Motels. Der Liter Benzin kostet nur 32 Pfg.

In Washington ist der Eintritt frei für alle Sehenswürdigkeiten. Sie können Sitzungen des Congress und des Obersten Gerichtshofes besuchen, in das Weiße Haus gehen — und es kostet Sie nichts. Wenn Sie weiter nach Süden fahren, finden Sie Azaleen, Camelien, Zypressen, Spanisches Moos und seltene Farne. Fahren Sie mit dem Raddampfer auf dem Mississippi für etwa DM 9.-. Entdecken Sie die verrosteten Fontänen der Mammut-Höhle. Probieren Sie Pompano-Fisch in New Orleans.

New Orleans, Geburtsort des Jazz, wo einst Leadbelly, Kid Ory und W.C. Handy den *Memphis Blues, Tin Roof Blues, Muskrat Ramble, Jelly Roll Blues, Deep River Blues* gespielt und gesungen haben.

Musik im ganzen Land

Es gibt heute mehr als tausend Symphonie-Orchester in den Vereinigten Staaten, und im letzten Sommer gab es 65 Musik-Festspiele, viele davon im Freien: in Tanglewood zum Beispiel, mitten in den grünen Berkshire Mountains von New England, wo das Bostoner Symphonie-

Orchester spielt; in Ravinia, auf einer Waldwiese vor den Toren Chicagos; oder in Aspen, Colorado, inmitten der Rocky Mountains.

Auf den Pfaden der Pioniere

Damals durchkreuzten sie das Land zu Fuß, auf Planwagen, zu Pferd, auf Mulis oder Booten. 16 km haben die Pioniere pro Tag geschafft, im Kampf gegen Büffelherden und Indianer.

Die Indianerstämme in Arizona üben heute noch ihre Bräuche wie in der Zeit, bevor der weiße Mann kam. Sie sollten sich die „Mais-Tänze" und den „Hopi-Schlangen-Tanz" ansehen, zwischen den 1400 Jahre alten indianischen Fels-Wohnungen spazieren gehen und an einem Handelsplatz der Indianer übernachten, für weniger als DM 12.-.

Einen Teil des Westens können Sie sogar mit dem Boot entdecken, man nennt es „Canyon-eering". Folgen Sie dem Lauf gewaltiger Flüsse, wie Colorado, Salmon, Snake und Rogue — ein faszinierendes Abenteuer.

Angeln, Schwimmen, Boot spielen — überall

In den U.S.A. ist Jagen, Angeln, Golf spielen und Schwimmen immer möglich. Es gibt riesige Gebiete unberührter Wildnis, in denen Sie jagen und angeln können. Die Erlaubnis erhalten Sie gegen eine geringe Gebühr.

Meilenweit erstreckt sich der Strand am atlantischen und pazifischen Ozean. Sie können dort schwimmen, tauchen und Fische mit dem Speer jagen — völlig kostenlos.

Entdecken Sie im Nordwesten den Sport, als „lebender Schlitten" Gletscherhänge im „Blechhosen" hinunter zu rutschen — in Hosen aus schwerem Drell mit paraffingetränktem Boden. Oder fahren Sie mit einem Schiff 2600 Meilen

von Manasquan Inlet bis nach Key West, Florida — ohne ein einziges Mal auf das offene Meer hinaus zu müssen.

Wo Sie in den U.S.A. auch hinfahren, nehmen Erinnerungen mit, die Sie nie mehr vergessen werden — die Picknicks in New England mit gebackenen Muscheln, in Kalifornien mit Roastbeef vom offenen Grill, oder das holländische Veranda-Picknick in Pennsylvania, das Picknick einer Kirchengemeinde im Mittelwesten; oder den Tag, an dem Sie ein Rudel wilder Pferde sahen, an einem Square Dance oder einer Bürgerversammlung in New England teilnahmen.

Wie Sie Ihre Reise planen

Ein Visum für die U.S.A. zu bekommen ist heute leicht. Der Antrag ist nicht größer als eine Postkarte, und nach 20 Minuten haben Sie Ihr Visum in der Hand. Und es gilt für 4 Jahre.

Fragen Sie Ihr Reisebüro: Sie finden dort Unterstützung für die Vorbereitung Ihrer Reise. Sie erhalten Karten und Prospekte — man wird Ihnen helfen, Geld zu sparen.

Der U.S. Travel Service, das offizielle Fremdenverkehrsamt der U.S.A., wird Mitte April sein Büro in Frankfurt/Main, Gallusstraße ... eröffnen. Bis dahin ist der U.S. ... über das Amerikanische Generalkonsulat ... Frankfurt/Main, Tel. 770731, zu erreichen. Schreiben Sie unter obiger Adresse an Abt. 3.

*Reisen Sie in eine neue Welt —
Besuchen Sie die U.S.A.*

Este anúncio, publicado na Europa, desencadeou uma avalancha de comentários, a maioria criticando-o. No entanto, durante os oito meses seguintes, o fluxo de viagens para os Estados Unidos aumentou em 25%.

V

Como Fazer Grandes Campanhas

Quando redatores, diretores de arte e produtores de televisão vêm trabalhar na nossa agência, são enfiados numa sala de reuniões e submetidos à minha Lanterna Mágica, que lhes diz como escrever títulos e textos, como ilustrar anúncios, como construir comerciais de televisão e como escolher a promessa básica para as campanhas. As regras que postulo não representam minha opinião pessoal — elas são a quintessência do que aprendi por meio da pesquisa.

Os recrutas reagem à minha conferência de diferentes maneiras. Alguns encontram conforto e segurança sob o comando de um chefe que parece saber do que está falando. Alguns se sentem desconfortáveis com a perspectiva de trabalhar sob disciplinas tão rígidas.

"Certamente", dizem eles, "essas regras e regulamentos acabam resultando em publicidade chata." *"Até agora, não"*, respondo. E sigo pregando a importância da disciplina na arte.

Shakespeare escreveu seus sonetos dentro de uma estrita disciplina — catorze linhas de pentâmetro iâmbico, rimando em três quartetos e uma parelha. Seus sonetos eram chatos? Mozart escreveu suas sonatas sob disciplina igualmente rígida — exposição, desenvolvimento e recapitulação. Eram elas chatas? Este argumento desarma a maioria dos sabichões. E prossigo, prometendo-lhes que, se aderirem aos meus princípios, muito em breve estarão produzindo bons anúncios.

O que é um bom anúncio? Existem três escolas de pensamento. Os cínicos dizem que um bom anúncio é o que foi aprovado pelo cliente. Outra escola aceita a definição de Raymond Rubicam: "A melhor característica de um grande anúncio é que não só o público é fortemente impactado por ele, mas também que tanto o público quanto o mundo da publicidade lembram-se dele por muito tempo como um *trabalho admirável*." Eu produzi minha cota de anúncios que vêm sendo lembrados pelo mundo da publicidade como trabalhos admiráveis. Mas pertenço à terceira escola — a que sustenta que um bom anúncio é aquele que vende *o produto sem atrair a atenção para si mesmo*. Ele deve fixar a atenção do leitor no produto. Em vez de dizer "Que anúncio inteligente!", o leitor diz: "Eu não sabia disso. Preciso experimentar este produto."

É dever profissional do publicitário esconder seus artifícios. Quando Aeschines discursou, todos disseram: "Como ele fala bem." Mas quando Demóstenes discursou, disseram: "Vamos marchar contra Filipe!" Eu sou a favor de Demóstenes.

Se meus novos recrutas rejeitam essa definição severa da boa publicidade, eu os convido a voltar às suas encarnações anteriores, onde podem se espojar na idiotice e na ignorância.

Meu passo seguinte é dizer-lhes que não permitirei que usem a palavra CRIATIVO para descrever as funções que exercerão em nossa agência. A palavra CRIATIVIDADE, ainda mais em moda, nem existe no *Dicionário Oxford* de doze volumes. Isso lembra a Leo Burnett a afirmação de Bernard Berenson de que a única coisa que os etruscos acrescentaram à arte dos gregos foi "a originalidade da incompetência". Fairfax Cone "gostaria de expulsar a palavra CRIATIVIDADE das nossas vidas". Ed Cox acha que "não existem redatores criativos ou não-criativos; há apenas bons e maus fazedores de anúncios". Leve em conta que Burnett, Cone e Cox estão entre os homens mais "criativos" no negócio da publicidade. Como conseguíamos nos arranjar há vinte anos, antes que a "criatividade" entrasse para o vocabulário da publicidade? Envergonho-me de dizer que eu mesmo uso essa palavra, algumas vezes, inclusive ao escrever estas páginas.

Neste capítulo, exporei ao leitor o que ele veria na minha Lanterna Mágica, no dia em que chegasse para trabalhar na Ogilvy, Benson & Mather. A pesquisa em que me baseei deriva de cinco fontes principais:

Primeiro, da experiência dos anunciantes de vendas por correio. Este corpo de elite, representado por alguns mestres, tais como Harry Scherman, do Clube do Livro do Mês, Vic Schwab e John Caples, sabe mais sobre as *realidades* da propaganda do que qualquer outra pessoa. Eles estão capacitados a medir os resultados de cada anúncio que escrevem, porque sua visão não é obscurecida pelos complexos canais de distribuição, que tornam impossível à maioria dos industriais isolar os resultados de sua publicidade dos demais fatores do *marketing mix*. O anunciante de vendas por correio não tem varejistas para encolher ou expandir estoques, para empurrar seu produto ou para escondê-lo debaixo do balcão. Ele só conta com seus anúncios para fazer todo o trabalho de venda. Ou o leitor recorta e envia o cupom, ou não recorta. Alguns dias depois de publicado o anúncio, o redator de reembolso postal sabe se ele foi lucrativo ou não.

Por 27 anos, mantive meus olhos abertos para o que os anunciantes de vendas por correio fazem em seus anúncios. E dessa observação cristalizei alguns princípios gerais, que podem ser aplicados, acredito, em todas as formas de publicidade.

A *segunda* fonte mais valiosa de informação sobre o que faz algumas técnicas darem resultado e outras falharem é a experiência das lojas de departamentos. No dia seguinte à publicação, eles podem medir as vendas que o anúncio produziu. Por isso eu presto tanta atenção às práticas publicitárias da Sears, Roebuck, que são os mais experientes entre todos os varejistas.

A *terceira* fonte de dados em que minha Lanterna Mágica se apóia são as pesquisas feitas por Gallup, Starch, Clark-Hooper e Harold Rudolph sobre os fatores que levam as pessoas a lerem anúncios, e, no caso do Dr. Gallup, os fatores que fazem com que as pessoas *lembrem* aquilo que leram. No conjunto, suas descobertas endossam a experiência da fraternidade da venda por correio.

Sabe-se mais sobre as reações do consumidor à publicidade em jornais e revistas, que sobre as reações do consumidor aos comerciais de televisão, porque as pesquisas sérias sobre a televisão — a minha *quarta* fonte — só começaram há dez anos. De qualquer forma, o Dr. Gallup e outros já produziram um corpo de conhecimentos sobre a publicidade de televisão suficiente para emancipar-nos da dependência *total* da adivinhação. (Quanto aos comerciais de *rádio*, existe pouca ou nenhuma pesquisa disponível de qualquer fonte. O rádio foi tornado obsoleto pela televisão antes que alguém tivesse aprendido a usá-lo cientificamente; mas agora ele está se recuperando, a ponto de ser descrito como a Cinderela dos meios de publicidade; é hora de os pesquisadores darem um jeito nele.)

Minha última fonte é menos científica. Sou um inveterado explorador de cérebros, e os cérebros mais gratificantes que explorei foram os dos meus antecessores e dos meus concorrentes. Aprendi muito estudando as campanhas vitoriosas de Raymond Rubicam, Jim Young e George Cecil.

Aqui estão, pois, minhas receitas para cozinhar o tipo de campanhas publicitárias que fazem a caixa registradora tilintar — onze mandamentos que você deve obedecer se trabalhar em minha agência:

(1) *O que você diz é mais importante do que como você o diz.*

Um belo dia, eu estava viajando na plataforma superior de um ônibus pela Quinta Avenida, quando escutei uma mítica dona-de-casa dizer para outra: "Molly, minha querida, eu teria comprado esta nova marca de sabonete se eles tivessem composto o texto em Garamond corpo dez."

Não acredite numa história dessa. O que realmente leva os consumidores a comprar ou não comprar é o *conteúdo* de sua publicidade e não a sua forma. Sua tarefa mais importante é decidir o que você vai dizer sobre seu produto, que benefício vai prometer. Há duzentos anos, o Dr. Johnson disse: "Promessa, a grande promessa é a alma de um anúncio." Quando pôs em leilão os bens da Cervejaria Anchor, ele fez a seguinte promessa: "Nós não estamos aqui para vender caldeiras e tanques, mas a possibilidade de enriquecer muito além dos sonhos de um avarento."

A seleção da promessa correta é tão vitalmente importante que você jamais deveria confiar em *suposições* para decidi-la. Na Ogilvy, Benson & Mather, usamos cinco técnicas de pesquisa para definir qual é a promessa mais poderosa.

Uma técnica é distribuir quantidades do produto para amostras determinadas de consumidores — cada quantidade exibindo na embalagem uma promessa diferente. Depois, comparamos as porcentagens de consumidores de cada amostra que fazem um novo pedido.

Outra técnica é mostrar aos consumidores cartões em que imprimimos várias promessas, solicitando que eles selecionem aquela que estaria mais apta a fazê-los comprar o produto.

Eis os resultados de um desses testes:

CREME FACIAL

Limpa profundamente os poros.
Previne o ressecamento.
É um tratamento completo de beleza.
Recomendado pelos dermatologistas.
Faz a pele parecer mais jovem.
Dispensa o uso de base.
Contém hormônios estrógenos.
Pasteurizado, para maior pureza.
Evita o envelhecimento da pele.
Elimina rugas.

Dessa votação surgiu um dos cremes faciais de maior sucesso de Helena Rubinstein. Nós o batizamos de Deep Cleanser, "limpador em profundidade", incluindo a promessa vencedora no próprio nome do produto.

Outra técnica é preparar uma série de anúncios, cada qual criado em torno de uma diferente promessa. Mandamos os anúncios por correio para amostras determinadas de consumidoras, e contamos o número de pedidos provocados por cada promessa.

Outra técnica é publicar pares de anúncios na mesma posição, na mesma edição de um jornal, com uma oferta de amostra grátis escondida no texto. Nós usamos esse artifício para selecionar a promessa mais forte para o sabonete Dove. "Passe o creme em sua pele enquanto você toma banho" provocou 63% mais pedidos do que a segunda melhor promessa, e tem sido a base de todos os anúncios de Dove até hoje publicados. Este produto maravilhoso deu lucro no fim de seu primeiro ano, um feito raro no mundo do marketing, hoje em dia.

Finalmente, desenvolvemos uma técnica tão valiosa para selecionar promessas básicas, que meus sócios me proibiram que a revelasse. Eles me lembram aquela família egoísta de obstetras do século 18 que fizeram fortuna partejando mais crianças vivas que qualquer de seus competidores. Eles mantiveram o seu segredo por três gerações; foi somente quando um estudante de medicina de grande iniciativa subiu num muro e espiou através da janela de sua sala de cirurgia, que o desenho do fórceps que usavam foi revelado para o mundo.

(2) *A menos que a sua campanha seja criada em torno de uma grande idéia, ela fracassará.*

Não é qualquer cliente que reconhece uma grande idéia à primeira vista. Eu me lembro da ocasião em que apresentava uma idéia verdadeiramente brilhante para um cliente, e ele me disse: "Sr. Ogilvy, o senhor tem aí o *muco* de uma boa idéia."

Quando comecei a redigir anúncios, estava determinado a rasgar novos caminhos, a fazer cada uma das minhas campanhas a mais bem-sucedida na história da indústria. Nem sempre fracassei.

(3) *Apresente os fatos.*

Muito poucos anúncios contêm informações factuais suficientes para vender o produto. Há uma tradição ridícula entre os redatores de que os consumidores não estão interessados em fatos. Nada poderia estar mais distante da verdade. Estude o texto do catálogo da Sears, Roebuck. Ele vende um bilhão de dólares de mercadorias cada ano oferecendo *fatos*. Em meus anúncios para o Rolls-Royce, eu nada mais dava do que fatos. Nada de adjetivos, nada de palavras decorativas.

A consumidora não é uma idiota, ela é a sua mulher. Você estará insultando sua inteligência se assumir que um mero *slogan* e alguns adjetivos desenxabidos conseguirão persuadi-la a comprar seja lá o que for. Ela quer toda a informação que você possa lhe dar.

Marcas concorrentes estão se tornando cada vez mais parecidas. Os homens que as produzem têm acesso aos mesmos jornais científicos; usam as mesmas técnicas de produção e guiam-se pelas mesmas pesquisas. Quando enfrentados com o fato desagradável de que a sua marca é praticamente a mesma coisa que tantas outras, muitos redatores concluem que não faz sentido contar ao consumidor algo que é comum a todas as marcas; então, eles se limitam a explorar pontos de diferença insignificantes. Espero que eles continuem a cometer esse engano, porque isso nos permite *apropriar-nos antecipadamente da verdade* para nossos clientes.

Quando anunciamos Shell, damos fatos para o consumidor — muitos dos quais os outros fabricantes de gasolina poderiam dar também, mas não dão. Quando anunciamos KLM Royal Dutch Airlines, falamos aos viajantes sobre as precauções de segurança que todas as linhas aéreas tomam, mas não mencionam em seus anúncios.

Quando eu era um vendedor de porta em porta, descobri que quanto mais informação eu dava sobre meu produto, mais eu vendia. Claude Hopkins fez a mesma descoberta sobre a publicidade, há cinqüenta anos. Mas muitos redatores modernos acham mais fácil escrever anúncios curtos, preguiçosos. Coletar fatos é trabalho pesado.

(4) *Você não pode "aborrecer" as pessoas para comprarem.*

A família média é exposta, atualmente, a mais de 1.500 anúncios por dia. Não é de surpreender que eles tenham desenvolvido uma habilidade para passar por cima dos anúncios em jornais e revistas e ir ao banheiro durante os comerciais de televisão.

A mulher média lê atualmente apenas quatro dos anúncios que aparecem numa revista média. Ela passa os *olhos* em outros, mas um relance apenas já basta para informar-lhe que o anúncio é chato demais para ser lido.

A disputa pela atenção da consumidora torna-se mais feroz cada ano. Ela está sendo bombardeada por um total de um bilhão de dólares de publicidade por mês. 30.000 marcas estão competindo por um lugar na sua memória. Se você quer que sua voz seja ouvida acima dessa barreira estridente, sua voz deve ser diferente, original. É nossa missão fazer com que as vozes de nossos clientes sejam ouvidas acima da multidão.

Fazemos anúncios que as pessoas querem ler. Não se pode salvar almas numa igreja vazia. Se você adotar nossas regras, será capaz de atingir mais leitores por dólar.

Certa feita, perguntei a *Sir* Hugh Rigby, o cirurgião-chefe do Rei George V: "Que faz um grande cirurgião?" Sir Hugh respondeu "Não há muito a distinguir entre os cirurgiões quanto à sua destreza manual. O que destaca o grande cirurgião é que ele *sabe mais* que os outros." O mesmo ocorre com os publicitários. Os bons conhecem o seu ofício.

(5) *Tenha boas maneiras, mas não banque o palhaço.*
As pessoas não compram de vendedores mal-educados, e as pesquisas mostram que elas não compram de anúncios mal-educados. É mais fácil convencer as pessoas com um aperto de mão amigável do que batendo com um martelo em sua cabeça.

Você deveria tentar *encantar* o consumidor para ele comprar o seu produto. Isso não significa que seus anúncios devam ser bonitinhos ou cômicos. As pessoas não compram de palhaços. Quando a dona-de-casa enche o carrinho do supermercado, ela está num estado de espírito bastante sério.

(6) *Torne a sua publicidade contemporânea.*
A jovem dona-de-casa de 1963 nasceu depois da morte do Presidente Roosevelt. Ela vive num mundo novo. Aos 51 anos de idade, estou achando cada vez mais difícil sintonizar com os recém-casados que estão começando sua vida. Por isso a maioria dos redatores de nossa agência é tão jovem. Eles entendem melhor do que eu a psicologia dos consumidores jovens.

(7) *Comitês podem criticar anúncios, mas não são capazes de escrevê-los.*
Muitos anúncios e comerciais de televisão parecem relatórios de reuniões de comitê, e é isso o que são. A publicidade parece vender mais quando é escrita por um indivíduo solitário. Ele deve estudar o produto, a pesquisa e as campanhas anteriores. Aí, deve fechar a

porta do seu escritório e redigir o anúncio. O melhor anúncio que já escrevi passou por dezessete rascunhos e construiu um negócio.

(8) *Se você tiver a sorte de escrever um bom anúncio, repita-o, até que ele pare de vender.*

Muitos bons anúncios têm sido descartados antes que percam a sua potência, em geral porque os seus patrocinadores enjoaram de vê-lo. O famoso anúncio de Sterling Getchel para a Plymouth ("Olhe Todos os Três") foi publicado só uma vez e foi seguido por uma série de variações inferiores, rapidamente esquecidas. Mas a Escola de Inglês Sherwin Cody publica o mesmo anúncio ("Você Comete Estes Erros em Inglês?") há 42 anos, mudando apenas a tipografia e a cor da barba do sr. Cody.

Você não está anunciando para um exército estacionado; você está anunciando para uma multidão em movimento. Três milhões de consumidores casam-se todo o ano. O anúncio que vendeu um refrigerador para aqueles que casaram no ano passado provavelmente terá sucesso com os que casarão no próximo ano. Um milhão e setecentos mil consumidores morrem por ano, e nascem outros quatro milhões. Eles entram no mercado e saem dele. Um anúncio é como a faixa em movimento de um radar, caçando constantemente novos *prospects* à medida que eles entram no mercado. *Consiga um bom radar e mantenha-o girando.*

(9) *Nunca escreva um anúncio que você não quereria que a sua própria família lesse.*

Você não mentiria para sua própria mulher. Então, não minta para a minha. Aja como você agiria para com você mesmo. Se você contar mentiras sobre um produto, será descoberto — seja pelo Governo, que o processará, seja pelo consumidor, que o punirá deixando de comprar o produto uma segunda vez.

Bons produtos podem ser vendidos com publicidade *honesta*. Se você não acredita que o produto é bom, não deve anunciá-lo. Se você mente ou enrola, está prestando um desserviço ao seu cliente, aumentando sua carga de culpa e alimentando as chamas do ressentimento público contra todo o negócio da publicidade.

(10) *A imagem e a marca.*

Cada anúncio deveria ser concebido como uma contribuição para o símbolo complexo que é a *imagem da marca*. Se você adotar essa visão de longo prazo, muitos dos problemas do dia-a-dia se resolverão por si mesmos.

Como decidir o tipo de imagem a ser construída? Não existe uma resposta curta. Nesse caso, a pesquisa não pode ajudar muito. Você deve usar o seu julgamento. (Percebo uma relutância crescente dos executivos de marketing a usarem seu próprio julgamento. Eles estão sendo levados a confiar em demasia na pesquisa, e a usam como um bêbado usa um poste: mais como apoio do que como iluminação.)

A maior parte dos industriais relutam em aceitar qualquer *limitação* à imagem da sua marca. Eles querem ser tudo para todas as pessoas. Eles querem que a sua marca seja uma marca masculina *e* uma marca feminina; uma marca para as camadas superiores *e* uma marca plebéia. Geralmente acabam com uma marca sem personalidade de espécie alguma, uma água morna, neutra. Nenhum capão jamais governa o poleiro.

Noventa e cinco porcento das campanhas hoje em circulação foram criadas sem nenhuma preocupação com essas considerações de longo prazo. Elas foram criadas *ad hoc*. Daí a falta de qualquer imagem consistente de um ano para outro.

É um milagre quando um industrial consegue sustentar um estilo coerente em sua publicidade pelo período de alguns anos. Pense em todas as forças que

trabalham para mudá-lo. Os gerentes de publicidade
vêm e vão, os redatores vêm e vão. Mesmo as agências
vêm e vão.

É preciso uma firmeza incomum para manter-se com
um estilo, enfrentando todas as pressões para "surgir
com algo novo" cada seis meses. É tragicamente fácil
ser empurrado para a mudança. Mas recompensas valiosas esperam pelo anunciante que tem a inteligência
para criar uma imagem coerente e a estabilidade para
manter-se fiel a ela por um bom tempo. Cito, como
exemplos, Campbell Soup, Ivory Soap, Esso, Betty
Crocker e a cerveja Guinness Stout (na Inglaterra). Os
homens que têm sido responsáveis pela publicidade
dessas forças perenes entenderam que cada anúncio,
cada programa de rádio, cada comercial de TV não é
um tiro isolado, mas um investimento a longo prazo na
personalidade total de suas marcas. Eles apresentaram
ao mundo uma imagem consistente e a enriqueceram
ao longo do processo.

Nos últimos anos, os pesquisadores foram capazes
de dizer-nos qual a imagem que as velhas marcas ad-
quiriram na mente dos consumidores. Alguns fabricantes foram levados a entender que a sua imagem tinha
falhas sérias, prejudiciais às suas vendas. Pedem então
à sua agência de publicidade que trabalhe na *mudança*
da imagem. Essa é uma das operações mais difíceis que
somos chamados a desempenhar, porque a imagem
defeituosa foi construída por um período de muitos
anos, ela é o resultado de muitos fatores diferentes:
publicidade, preço, nome do produto, a embalagem, o
tipo de shows de TV que patrocinou, o tempo que já
está no mercado, etc.

A maioria dos industriais que acham conveniente
mudar a imagem de sua marca querem que ela seja
mudada *para cima*. Às vezes, a marca adquiriu uma
imagem de "balcão de pechinchas", que é um valor
bastante útil em tempos de crise econômica, mas um

grave embaraço em tempos de expansão, quando a maioria dos consumidores está subindo na escala social. Não é fácil fazer uma operação plástica numa velha marca com imagem de "pechincha". Em muitos casos, talvez fosse mais fácil começar tudo outra vez, com uma marca nova e fresca.

Quanto maior a semelhança entre marcas, menor o papel da razão na seleção de marcas. Não existe diferença significativa entre as várias marcas de uísque, ou de cigarros, ou de cervejas. São todas mais ou menos iguais. São assim também as misturas para bolos, os detergentes e as margarinas.

O fabricante que dedicar sua publicidade para construir a *personalidade* mais bem definida para sua marca conquistará a maior fatia do mercado com o mais alto lucro. Pelo mesmo motivo, os fabricantes que se afogarão nadando contra a corrente são os oportunistas de visão curta, que desviam suas verbas de publicidade para as promoções. Ano após ano, eu me flagro advertindo meus clientes sobre o que acontecerá às suas marcas se eles gastarem tanto em promoções que não sobre dinheiro para a publicidade.

Ofertas de descontos e outras dessas injeções hipodérmicas são bem vistas entre os gerentes de vendas, mas seu efeito é efêmero e podem ser formadoras de vícios. Diz Bev Murphy, que inventou a técnica Art Nielsen para medir as compras do consumidor e veio a ser presidente da Campbell Soup Company: "Vendas são função do valor do produto e da publicidade. *Promoções não conseguem produzir mais que uma elevação temporária da curva das vendas.*" Jerry Lambert jamais usou promoções para Listerine; ele sabia que subidas repentinas e passageiras numa curva de vendas tornam impossível a interpretação dos resultados da publicidade.

Uma dieta constante de promoções com descontos diminui a estima que o consumidor tem pelo produto;

pode ser desejável algo que é sempre vendido com desconto?

Planeje sua campanha para alguns anos à frente, assumindo que seus clientes pretendem ficar no mercado para sempre. Construa personalidades claramente definidas para as marcas e mantenha-as com firmeza, ano após ano. É a personalidade total da marca, mais que uma diferença trivial do produto, o que decide em definitivo a sua posição no mercado.

(11) *Não seja um ladrão de idéias.*

Rudyard Kipling escreveu um longo poema sobre um autodidata, um magnata dos transportes chamado *Sir* Anthony Gloster. No seu leito de morte, o velho relembra toda a sua vida, como uma contribuição para seu filho, e refere-se desdenhosamente aos competidores:

> Eles copiaram tudo o que puderam observar,
>   mas não puderam copiar a minha mente.
>   E eu os deixei suando e roubando,
>   com um ano e meio de atraso.

Se você alguma vez tiver a boa sorte de criar uma grande campanha de publicidade, logo verá outra agência roubá-la. Isso é irritante, mas não deixe que o fato o preocupe; ninguém jamais construiu uma marca imitando a publicidade do outro.

A imitação pode ser "a forma mais sincera do plágio", mas ela é também o sinal de uma pessoa inferior.

São esses, então, os princípios gerais que eu inculco em nossos novos recrutas. Quando, recentemente, convidei um grupo deles, que tinha completado seu primeiro ano conosco, a comparar a Ogilvy, Benson & Mather com suas agências anteriores, fiquei agradavelmente surpreso com o número dos que se prenderam ao fato de que nós temos uma doutrina mais bem definida. Eis o que um deles escreveu:

A Ogilvy, Benson & Mather tem um ponto de vista consistente, uma opinião corporativa do que constitui boa publicidade. Minha agência anterior não tem nenhuma e, conseqüentemente, é uma desorientada.

VI

Como Escrever Anúncios Poderosos

I. TÍTULOS

O título é o elemento mais importante na maioria dos anúncios. Ele é o telegrama que decide o leitor a ler ou não o texto.

Em média, cinco vezes mais pessoas lêem o título do que o texto. Quando você escreveu o título, já gastou 80 centavos do seu dólar.

Se você não conseguir vender alguma coisa em seu título, jogou fora 80% do dinheiro do cliente. O mais grave de todos os pecados é publicar um anúncio sem título. Essas maravilhas sem cabeça ainda existem; eu não invejo o redator que apresente uma delas para mim.

Uma mudança no título pode fazer uma diferença de 10 para 1 em vendas. Nunca escrevo menos de dezesseis títulos para um único anúncio, e observo certas normas ao escrevê-los:

(1) O título é a "etiqueta no filé". Use-o para etiquetar os leitores que são candidatos ao consumo do tipo de produto que você está anunciando. Se você está

anunciando um remédio para insuficiência da vesícula, coloque as palavras INSUFICIÊNCIA DA VESÍCULA no título; elas chamarão a atenção de todos que sofrem dessa moléstia. Se você quer que *mães* leiam seu anúncio, escreva MÃES no título. E assim por diante.

Inversamente, não diga nada no título que seja capaz de *excluir* quaisquer leitores que poderiam ser candidatos ao produto. Assim, se você está anunciando um produto que pode ser usado tanto por homens como por mulheres, não dirija o título apenas para as mulheres. Isso espantaria os homens.

(2) Todo o título deveria apelar para o *auto-interesse* dos leitores. Deveria prometer-lhes um benefício, como no meu título para o Creme Hormonal Helena Rubinstein: COMO AS MULHERES DE MAIS DE 35 PODEM PARECER MAIS MOÇAS.

(3) Tente sempre injetar *novidades* em seus títulos, porque o consumidor está sempre à procura de novos produtos, ou de novas maneiras de usar um velho produto, ou de novas melhorias num produto antigo.

As duas palavras mais poderosas que se podem usar num título são: GRÁTIS e NOVO. Raramente você pode usar *grátis*, mas quase sempre você pode usar novo — se fizer algum esforço.

(4) Outras palavras e frases que fazem maravilhas são: COMO, SUBITAMENTE, AGORA, ANUNCIANDO, APRESENTANDO, EIS AQUI, RECÉM-CHEGADO, IMPORTANTE DESENVOLVIMENTO, APRIMORAMENTO, SURPREENDENTE, SENSACIONAL, MARCANTE, REVOLUCIONÁRIO, MARAVILHOSO, MILAGRE, MÁGICO, OFERTA, RÁPIDO, FÁCIL, DESEJADO, UM CONSELHO, DESAFIO A, A VERDADE A RESPEITO, COMPARE, PECHINCHA, CORRA, ÚLTIMA CHANCE.

Não torça o nariz para esses lugares-comuns. Podem estar um pouco desbotados, mas funcionam. É por isso que você os vê aparecerem com tanta freqüência nos títulos dos anunciantes de venda pelo correio e de outros que podem medir os resultados de suas campanhas.

Títulos podem ser reforçados pela inclusão de palavras emocionais, tais como: QUERIDO, AMOR, MEDO, ORGULHO, AMIGO E BEBÊ. Um dos anúncios mais provocativos criado por nossa agência mostrava uma garota numa banheira, falando ao telefone para seu amado. O título: *Querido, estou tendo a mais extraordinária experiência... Estou mergulhada em* DOVE.

(5) Cinco vezes mais pessoas lêem o título do que o corpo de texto. Portanto, é importante que esses leitores fugazes sejam pelo menos informados sobre qual a marca que está sendo anunciada. Por isso, você deveria incluir sempre o nome da marca em seus títulos.

(6) Inclua sua promessa de vendas no título. Isso exige títulos longos. Quando a Escola de Varejo da Universidade de Nova York realizou testes com títulos, em cooperação com uma grande loja de departamentos, descobriu-se que os títulos de 10 palavras, ou mais longos ainda, que continham novidades e informações vendiam sempre mais mercadorias do que os títulos curtos. Títulos contendo seis a 12 palavras provocam maior retorno de cupons do que títulos curtos. E não existe diferença significativa entre a leitura de títulos com 12 palavras e a leitura de títulos com três palavras. O melhor título que já escrevi continha 18 palavras: *A sessenta milhas por hora o ruído mais alto no novo Rolls-Royce vem do seu relógio elétrico.**

---

* Quando o engenheiro-chefe da Rolls Royce leu este título, balançou a cabeça com tristeza e disse: "É hora de fazermos alguma coisa com aquele maldito relógio".

(7) É mais provável que as pessoas leiam o corpo do texto se o título despertar sua curiosidade; então, você deve encerrar o título como uma isca para que a leitura continue.

(8) Alguns redatores escrevem títulos *ardilosos* — com trocadilhos, alusões literárias e outras obscuridades. Isso é um pecado.

Num jornal médio, seu título tem de competir com mais de 350 outros pela atenção do leitor. A pesquisa demonstrou que os leitores viajam tão velozmente através dessa selva, que não param para decifrar o significado de títulos obscuros. Seu título deve *telegrafar* o que você quer dizer, e isso deve ser telegrafado em linguagem simples. Não fique disputando quebra-cabeça com o leitor.

Em 1960, o *Times Literary Supplement* atacou a tradição de exotismo na publicidade britânica chamando-a de "auto-indulgente — uma espécie de piada particular da classe média, aparentemente destinada a divertir o anunciante e seu cliente". Amém.

(9) A pesquisa mostra que é perigoso usar *negativos* nos títulos. Se você escreve por exemplo: "Nosso Sal Não Contém Arsênico", muitos leitores podem não perceber o negativo, e ficar com a impressão de que você escreveu: "Nosso Sal Contém Arsênico".

(10) Evite títulos *mudos* — daquele tipo que nada significa, a menos que você leia o texto que vem abaixo dele; a maioria das pessoas não lêem.

II. TEXTO

Quando você se sentar para escrever o texto, finja que está conversando com a mulher ao seu lado, num jantar. Ela lhe perguntou: "Estou pensando em comprar um carro novo; qual você me recomendaria?" Escreva o texto como se você estivesse respondendo a essa pergunta.

(1) Não fique dando voltas em torno do problema: vá direto ao ponto. Evite analogias do tipo "tal como, assim também". O Dr. Gallup demonstrou que esses argumentos de dois estágios são geralmente mal entendidos.

(2) Evite superlativos, generalizações e lugares-comuns. Seja específico e factual. Seja entusiástico, amistoso e inesquecível. Não seja chato. Diga a verdade, mas torne a verdade fascinante.

Qual deve ser o tamanho do texto? Depende do produto. Se você está anunciando goma de mascar, não há muito a dizer, então faça o seu texto curto. Se, ao contrário, você está anunciando um produto que tem muitas e diferentes qualidades a recomendá-lo, escreva um texto longo: quanto mais você diz, mais você vende.

Existe uma crença universal, entre os leigos, de que as pessoas não lerão um texto longo. Nada poderia estar mais longe da verdade. Certa feita, Claude Hopkins escreveu cinco páginas de sólido texto para a cerveja Schlitz. Em poucos meses, a Schlitz subiu do quinto para o primeiro lugar. Certa vez, escrevi uma página de texto maciço para a margarina Good Luck, com os mais gratificantes resultados.

A pesquisa mostra que a leitura cai rapidamente até 50 palavras de texto, mas cai muito pouco entre 50 e 500 palavras. Em meu primeiro anúncio para a Rolls-Royce usei 719 palavras, enfileirando fatos fascinantes, um depois do outro. No último parágrafo, escrevi: "As pessoas que se sentem *acanhadas* de dirigir um Rolls-Royce podem comprar um Bentley." A julgar pelo número de motoristas que destacaram a palavra acanhada e reclamaram sobre ela, concluí que o anúncio tinha sido lido de ponta a ponta. No anúncio seguinte, usei 1.400 palavras.

Cada anúncio deve ser um *completo* esforço de vendas para o seu produto. Não é realista assumir que os consumidores lerão uma série de anúncios do mesmo produto. Você deve usar toda a munição em cada um dos seus anúncios, assumindo que aquela será a sua única oportunidade para vender o produto para o leitor — é *agora ou nunca*.

Diz o Dr. Charles Edwards da Escola de Varejo da Universidade de Nova York: "Quanto mais fatos você apresenta, mais você vende. A chance de sucesso de um anúncio cresce invariavelmente à medida que cresce o número de fatos pertinentes ao produto nele incluídos."

Em meu primeiro anúncio para a Operação Bootstrap para Porto Rico, usei 961 palavras e persuadi Beardsley Ruml a assiná-lo. Quatorze mil leitores recortaram o cupom desse anúncio, e muitos deles vieram a estabelecer fábricas em Porto Rico. A maior satisfação profissional que já tive foi ver a prosperidade das comunidades porto-riquenhas, que viveram à beira da fome por quatrocentos anos, antes que eu escrevesse o meu anúncio. Se eu tivesse me limitado a algumas generalidades vazias, nada teria acontecido.

Fomos capazes até de fazer com que as pessoas lessem textos longos sobre gasolina. Um de nossos anúncios para a Shell tinha 617 palavras, e 22% dos leitores masculinos leram mais da metade delas.

Vic Schwab conta a história de Max Hart (da Hart, Schaffner & Marx) e de seu gerente de publicidade, George L. Dyer, discutindo a respeito de textos longos. Dyer disse: "Aposto com você 10 dólares como posso escrever uma página de jornal de texto maciço, e você lerá cada palavra dele."

Hart riu da idéia. "Eu não tenho de escrever uma só linha para provar meu ponto", respondeu Dyer. "Só vou lhe contar o título: ESTA PÁGINA É TODA SOBRE MAX HART".

Os anunciantes que colocam cupons em seus anúncios sabem que texto curto não vende. Em testes de anúncios em *split run** o texto longo invariavelmente supera o texto curto em resultados.

---

* Teste em que anúncios com características diferentes são publicados em parcelas da tiragem de uma mesma edição de um jornal ou revista, e o retorno em vendas ou cupons é controlado. (N. T.)

Estou ouvindo alguém dizer que nenhum redator consegue escrever anúncios longos, a menos que o seu departamento de mídia lhe dê grandes espaços para explorar? Essa questão nem deveria surgir, porque o redator deve ser consultado antes do planejamento da mídia.

(3) Você deveria sempre incluir testemunhos no texto. O leitor acha mais fácil acreditar no endosso de um camarada consumidor do que nas vanglórias escritas por um redator anônimo. Diz Jim Young, um dos melhores redatores vivos: "Todo tipo de anunciante tem o mesmo problema, que é o de ser acreditado. Qualquer profissional de venda por correspondência sabe que nada é tão poderoso para esse propósito quanto o testemunho. Entretanto, o anunciante comum raramente o utiliza."

Testemunhos de celebridades conquistam leitura marcantemente alta, e se são escritos com honestidade também parecem não provocar incredulidade. Quanto mais conhecida for a celebridade, mais leitores serão atraídos. Nós retratamos a Rainha Elizabeth e Winston Churchill nos anúncios "Venha à Grã-Bretanha", e conseguimos persuadir a sra. Roosevelt a fazer comerciais de televisão para a margarina Good Luck. Quando anunciamos vendas a crédito da Sears, Roebuck, reproduzimos o cartão de crédito de Ted Williams,* "recentemente contratado do Boston para a Sears".

Às vezes, você pode criar todo o texto na forma de um testemunho. Meu primeiro anúncio para os carros Austin tomou a forma de uma carta de "um diplomata anônimo" que estava mandando o seu filho para a Universidade de Groton com o dinheiro que tinha economizado dirigindo um Austin — uma bem costurada combinação de esnobismo e economia. Aliás, um editor perspicaz do *Time* adivinhou que era eu o anônimo diplomata e pediu

---

* Ted Williams foi, junto com Joe di Maggio, um dos dois maiores astros do beisebol americano nos anos 40 e 50. (N. T.)

um comentário ao reitor de Groton. Dr. Crocker mostrou-se tão mal-humorado que eu decidi mandar o meu filho para Hotchkiss.

(4) Outra jogada proveitosa é dar ao leitor conselhos úteis ou serviços. Assim se conquistam 75% mais leitores do que num texto que trata exclusivamente do produto.

Um de nossos anúncios para Rinso ensinava às donas-de-casa como remover manchas. Ele foi mais lido, segundo Starch, e mais bem lembrado, segundo Gallup, que qualquer anúncio de detergente na história. Infelizmente, entretanto, ele esquecia de exibir a principal promessa de vendas de Rinso: a de que Rinso lava mais branco; por isso, jamais deveria ter sido publicado.*

(5) Jamais tive admiração pela *escola literária* de publicidade que atingiu seu pico mais pomposo com o famoso anúncio de Theodore F. MacManus para o Cadillac, "O Preço da Liderança", e o clássico de Ned Jordan "Em Algum Lugar a Oeste de Laramie". Há quarenta anos, a comunidade dos negócios parecia impressionar-se muito com essas peças de pura literatura, mas eu sempre as achei absurdas. Elas não davam ao leitor um único *fato*. Partilho a opinião de Claude Hopkins de que "escrever com elegância é uma clara desvantagem. Como é, também, o estilo literário invulgar. Eles afastam a atenção do assunto".

(6) Evite ser bombástico. O famoso *slogan* de Raymond Rubicam para a Squibb, "O ingrediente inestimável de todo o produto é a honra e a integridade do seu fabricante", lembra-me do conselho de meu pai: "Quando uma companhia se vangloria de sua integri-

---

* A fotografia mostrava vários tipos diferentes de mancha: batom, café, graxa de sapato, sangue, etc. O sangue foi o meu próprio. Eu sou o único redator que já deu o sangue pelo seu cliente.

dade, ou uma mulher de sua virtude, evite a primeira e cultive a segunda."

(7) A menos que você tenha uma razão especial para ser solene e pretensioso, escreva seu texto na linguagem coloquial que seus consumidores usam na conversação do dia-a-dia. Creio que nunca adquiri um ouvido suficientemente bom para o vernáculo americano a ponto de poder escrevê-lo. Mas admiro os redatores que podem explorá-lo, como nesta pérola inédita de um fazendeiro, produtor de leite:

> *Carnation Milk is the best in the land,*
> *Here I sit with a can in my hand.*
> *No tits to pull, no hay to pitch,*
> *Just punch a hole in the son-of-a-bitch.*

> 'Leite Carnation é o melhor do mundo,
> Sento-me eu aqui, com uma lata na mão.
> Nenhuma teta para puxar, nem feno para colher,
> Basta fazer um buraco na filha-da-puta.'

É um erro usar linguagem rebuscada quando você anuncia para pessoas de pouca cultura. Certa feita, usei a palavra OBSOLETO em um título, apenas para descobrir que 43% das donas-de-casa não tinham a menor idéia do que ela significava. Em outro título, usei a palavra INEFÁVEL, apenas para descobrir que eu mesmo não sabia o que ela significava.

Entretanto, muitos redatores da minha geração cometeram o erro de subestimar o nível educacional da população. Philip Hauser, chefe do Departamento de Sociologia da Universidade de Chicago, chama a atenção para as mudanças que estão ocorrendo: A exposição crescente da população à educação formal... poderá ter um efeito importante... em mudanças de estilo da publicidade... Mensagens destinadas ao americano "médio", na suposição de que ele tenha tido menos educação que o mero curso primário, provavelmente acabarão por se descobrir com uma clientela cada vez menor ou em desaparecimento.*

Enquanto isso, todos os redatores deveriam ler a *Arte de Falar com Simplicidade*, do Dr. Rudolph Flesch, o que os persuadiria a usar palavras curtas, sentenças curtas, parágrafos curtos e um texto altamente *pessoal*.

Aldous Huxley, que certa feita tentou escrever anúncios, concluiu que "qualquer traço de literatice num anúncio é fatal para seu sucesso. Escritores de publicidade não podem ser líricos, ou obscuros, ou de qualquer forma esotéricos. Eles têm de ser universalmente inteligíveis. Um bom anúncio tem isso em comum com o drama e a oratória, que devem ser imediatamente compreensíveis e convencerem diretamente".**

(8) Resista à tentação de escrever o tipo de texto que ganha prêmios. Sinto-me sempre gratificado quando ganho um prêmio, mas a maioria das campanhas que produzem *resultados* não ganham prêmios, porque não atraem a atenção para si mesmas.

Os júris que conferem prêmios nunca recebem informação suficiente sobre os *resultados* dos anúncios que são chamados a julgar. Na ausência de tais informações, apóiam-se nas próprias opiniões, que são sempre distorcidas pelo intelectualismo.

(9) Bons redatores sempre resistiram à tentação de *divertir*. Sua realização está no número de novos pro-

---

* *Scientific American* (outubro de 1962).
** *Essays Old And New* (Harper & Brothers, 1927). Charles Lamb e Byron também escreveram anúncios. Assim como Bernard Shaw, Hemingway, Marquand, Sherwood Anderson e Faulkner — nenhum deles com o menor grau de sucesso.

130

dutos que lançaram ao sucesso. Numa classe à parte fica Claude Hopkins, que significa para a publicidade o que Escoffier significa para a culinária. Pelos padrões atuais, Hopkins seria um bárbaro inescrupuloso, mas, tecnicamente, foi o mestre supremo. Em segundo lugar, colocaria Raymond Rubicam, George Cecil e James Webb Young, aos quais faltava a implacável capacidade vendedora de Hopkins; mas eles a compensaram com sua honestidade, com o espectro mais amplo do seu trabalho e com sua habilidade para escrever textos civilizados, quando a ocasião o exigia. Em seguida, eu colocaria John Caples, especialista da venda por correio, com quem muito aprendi.

Esses gigantes escreveram suas campanhas para jornais e revistas. É muito cedo ainda para identificar os melhores criadores para a televisão.

VII

Como Ilustrar Anúncios
e Cartazes

A maioria dos redatores pensa em termos de palavras e devota pouco tempo a planejar suas ilustrações. No entanto, a ilustração freqüentemente ocupa mais espaço do que o texto e deveria trabalhar tanto quanto ele para vender o produto. Ela deveria telegrafar a mesma promessa que você faz no seu título.

Doyle, Dane & Bernbach têm um talento especial para ilustrar anúncios; as fotografias que usaram para a Volkswagen são uma classe à parte.

O *tema* da ilustração é mais importante que a sua *técnica*. Como em todas as áreas da publicidade, a substância é mais importante que a forma. Se você tem uma idéia marcante para uma fotografia, não se exige que um gênio clique o obturador. Se você não tem uma idéia marcante, nem mesmo Irving Penn pode salvá-lo.

O Dr. Gallup descobriu que o tipo de fotos que ganham prêmios em clubes de fotografia — sensíveis, sutis e lindamente compostas — não funciona em anúncios. O que funciona são as fotografias que excitam a *curiosidade* do leitor. Ele olha a foto e pergunta para si mesmo: "O que está acontecendo aí?" Então, ele lê o texto, para descobrir. Esta é a armadilha a ser montada.

Harold Rudolph chamou esse elemento mágico de *story appeal* ("atração narrativa"), e demonstrou que, quanto mais você o injetar em sua fotografia, mais gente será atraída por seu anúncio. Essa descoberta teve influência profunda nas campanhas produzidas por minha agência.

Quando fomos convocados a presidir o *début* da Hathaway como anunciante nacional, eu estava decidido a dar-lhes uma campanha melhor que a histórica campanha da Young & Rubicam para as camisas Arrow. Mas a Hathaway poderia gastar apenas 30.000 dólares, contra os dois milhões da Arrow. Era preciso um milagre.

Tendo aprendido com Rudolph que uma forte dose de atração narrativa faria os leitores pararem e darem atenção ao anúncio, imaginei dezoito maneiras de introduzir esse ingrediente mágico. A décima oitava era o tapa-olho. A princípio, nós a rejeitamos em favor de uma idéia mais óbvia, mas, a caminho do estúdio, entrei numa *drugstore* e comprei um tapa-olho por 1 dólar e 50. Eu jamais saberei com certeza por que ela se tornou tamanho sucesso. Ela pôs a Hathaway no mapa depois de 116 anos de relativa obscuridade. Raramente, se é que alguma vez aconteceu, uma marca nacional foi criada tão rapidamente, ou a um preço tão baixo. Artigos sobre a campanha foram publicados em jornais e revistas pelo mundo afora. Muitos outros fabricantes roubaram a idéia para seus próprios anúncios — só na Dinamarca, eu vi cinco cópias. O que me parecia uma idéia moderadamente boa para uma úmida manhã de terça-feira tornou-me famoso. Eu gostaria que a fama viesse de alguma realização mais séria.

À medida que a campanha se desenvolvia, mostrei o modelo numa série de situações em que eu mesmo gostaria de me encontrar: dirigindo a Filarmônica de Nova York no Carnegie Hall, tocando oboé, copiando um Goya no Museu Metropolitano, dirigindo um trator, esgrimindo, velejando, comprando um Renoir, etc. Depois de oito anos desta campanha, meu amigo Ellerton Jetté vendeu a empresa Hathaway a um financista de Boston, que a revendeu seis meses mais tarde com um lucro de alguns milhões de dólares. Meu lucro total na conta foi de 6.000 dólares. Se eu fosse um financista em vez de um homem de publicidade, como estaria rico... e quão entediado.

Outro exemplo de atração narrativa foi uma foto que Elliot Erwitt fez para nossa campanha de turismo em Porto Rico. Em vez de fotografar Pablo Casals tocando seu violoncelo, Erwitt fotografou uma sala vazia, com o violoncelo do grande homem descansando encostado numa cadeira. *Por que estava vazia a sala? Onde estava Casals?* Essas eram as perguntas que vinham à mente do leitor, e ele procurava a resposta em nosso texto. Depois de lê-lo, ele fazia reservas para o Festival Casals em San Juan. Durante os primeiros seis anos desta campanha, os gastos de turistas em Porto Rico cresceram de 19 milhões para 53 milhões de dólares por ano.

Se você se der ao trabalho de fazer grandes fotografias para seus anúncios, você não só venderá mais, como gozará da estima do público. Fiquei confortado quando o Professor J. K. Galbraith, esse implacável crítico da publicidade, escreveu-me: "Há anos venho me interessando por fotografia, e por muito tempo colecionei as suas, como exemplos realmente soberbos, tanto de seleção quanto de produção."

A pesquisa tem demonstrado reiteradamente que fotografias vendem mais que desenhos. Elas atraem mais leitores. Elas transmitem mais *appetite appeal* ("atração pelo apetite"). Elas são melhor recordadas. Atraem mais cupons. E vendem mais mercadorias. Fotografias representam a realidade, enquanto desenhos representam a fantasia, que é menos crível.

Quando assumimos a publicidade "Venha à Grã-Bretanha", substituímos por fotografias os desenhos que a agência anterior vinha usando. A leitura triplicou, e nos dez anos seguintes os gastos de turistas americanos na Grã-Bretanha triplicaram.

Lamento aconselhar-lhe que não use desenhos, porque eu gostaria sinceramente de ajudar os artistas a obter encomendas para ilustrar anúncios. Mas os anúncios não venderiam, os clientes iriam à falência, e então não restariam patrocinadores para dar apoio aos artistas. Se você usar fotografias, seus clientes prosperarão o suficiente para comprar pinturas e doá-las às galerias públicas.

135

Alguns industriais ilustram seus anúncios com pinturas abstratas. Eu só o faria se desejasse esconder do leitor o produto que estivesse anunciando. É imperativo que a ilustração *telegrafe* ao leitor o que é que você está oferecendo à venda. A arte abstrata não telegrafa a mensagem com rapidez suficiente para ser usada em anúncios.

O único anunciante que fez sucesso com ilustrações não realistas foi o finado Walter Paepcke. A excentricidade de sua campanha para a Container Corporation parece ter destacado esta companhia dos seus concorrentes, mas é preciso mais do que uma andorinha para fazer verão. Leitor, cuidado com a excentricidade quando estiver anunciando para pessoas que não são excêntricas.

Fotografias "antes e depois" parecem fascinar os leitores e passar a mensagem melhor do que quaisquer palavras. O mesmo acontece quando se desafia a leitora a descobrir a diferença entre duas fotografias similares, como na campanha "Qual das gêmeas usa Toni?".

Quando em dúvida entre qual de duas ilustrações você deve usar, teste o seu poder relativo de impacto, publicando-as em tiragens alternativas de um jornal, pela técnica de *split-run*. Usamos essa técnica para resolver a disputa se os anúncios da KLM deveriam ser ilustrados com fotos de aviões ou fotos das cidades de destino. A última opção provocou duas vezes mais cupons-resposta que a primeira. É por isso que todos os anúncios da KLM são ilustrados com fotografias dos destinos.

Quando eu trabalhava para o Dr. Gallup, consegui demonstrar que os freqüentadores de cinema estavam mais interessados nos atores do seu próprio sexo do que nos atores do sexo oposto. Na verdade, existem algumas exceções a essa regra: os símbolos sexuais femininos são fortemente aprovados pelos cinemaníacos masculinos, e as estrelas lésbicas não têm apelo para os homens. Mas, em geral, as pessoas têm maior interesse nas estrelas de cinema com quem se podem identificar. Da mesma forma, o conjunto dos personagens dos sonhos da maioria das pessoas contém mais gente de seu próprio sexo que do sexo oposto.

O Dr. Calvin Hall conta que a "relação entre personagens masculinos e femininos em sonhos masculinos é de 1,7 para 1.

Isto... acontece também nos sonhos das tribos indígenas Hopi... o que talvez prove ser um fenômeno universal".*

Observei a mesma força agindo nas reações do consumidor aos anúncios. Quando você usa a fotografia de uma mulher, os homens ignoram o anúncio; quando você usa a fotografia de um homem, você exclui as mulheres da sua audiência.

Se você quiser atrair leitoras femininas é melhor usar a fotografia de um *bebê*. A pesquisa mostrou que eles cativam duas vezes mais mulheres que as fotografias de *famílias*. Quando você era um bebê, era o centro de atração de todos os olhares, mas quando se tornou um mero membro da família, você não atraía nenhuma atenção especial.

Aqui, você enfrenta uma dificuldade peculiar. A maior parte dos fabricantes resiste a ilustrar seus anúncios com bebês, porque os bebês consomem muito pouco; eles querem que você mostre toda a rosada família.

Uma das tarefas mais agradáveis na publicidade é a seleção de garotas bonitas para aparecer em anúncios e comerciais de televisão. Eu costumava arrogar-me a função, mas desisti dela depois de comparar meu gosto pessoal para garotas com o gosto das consumidoras femininas. Os homens não gostam do mesmo tipo de garotas que as garotas gostam.

Anúncios são, em média, duas vezes mais lembrados quando ilustrados em *cores*.

Evite temas históricos. Podem ser eficientes para publicidade de uísque, mas para mais nenhuma outra.

Não mostre *close-ups* ampliados do rosto humano; ao que parece, eles afastam os leitores.

Mantenha a ilustração tão simples quanto possível, com o foco de interesse numa única pessoa. Cenas de multidão não atraem.

---

* A análise de 3.874 sonhos feita pelo Dr. Hall levou-o a outras conclusões notáveis, inclusive estas: "A torneira foi inventada por um homem que desejava um pênis melhor. O dinheiro foi inventado por alguém que desejava acumular um monte maior de fezes. Os foguetes foram inventados por um grupo de animais edipianos insatisfeitos. As casas foram inventadas por fixados no útero, e o uísque, por fanáticos por seios."

Evite situações estereotipadas, tais como donas-de-casa sorridentes apontando vaidosamente para refrigeradores abertos.

Se você estiver num beco sem saída, talvez ache útil este conselho:

Se o seu cliente gemer e implorar,
O logotipo você deve duplicar.
Se mesmo assim não houver aprovação,
Ponha a fábrica na ilustração.
E se sentir que a derrota é iminente,
Apele: ponha a foto do cliente.

Duplicar o tamanho do logotipo é freqüentemente uma boa decisão, pois a maioria dos anúncios são deficientes na identificação da marca.

Mostrar o rosto do cliente é também um estratagema melhor do que possa parecer, porque o público está mais interessado em personalidades do que em corporações. Alguns clientes, como Helena Rubinstein e o Comandante Whitehead, podem ser projetados como símbolos humanos de seus próprios produtos.

No entanto, nunca é inteligente mostrar "uma foto da fábrica". A menos que a fábrica esteja à venda.

A maioria das escolas de arte que preparam estudantes incautos para a carreira de publicidade ainda subscrevem a mística da Bauhaus. Elas sustentam que o sucesso de um anúncio depende de coisas tais como "equilíbrio", "movimento" e *design*. Mas podem elas *prová-lo*?

Minhas pesquisas sugerem que esses intangíveis estéticos não aumentam as vendas, e não consigo esconder minha hostilidade para com a velha escola de diretores de arte que levam a sério tais pregações. Imagine meu horror quando o seu Colégio de Cardeais, o augusto Clube dos Diretores de Arte, deu a Henry Luce, Frank Stanton, Henry Ford e a mim mesmo prêmios especiais "por encorajar os diretores de arte a que trabalhem no melhor clima possível". Não sabem eles que eu estimulo a guerra contra a "arte-diretorite", a doença que reduz as campanhas de publicidade à impotência?

Eu não inscrevo mais os *layouts* de minha agência nos concursos realizados pelas sociedades de diretores de arte por medo de que algum deles, desgraçadamente, venha a ser premiado. Seus deuses não são os meus deuses. Tenho minha própria lei, e ela nasce da observação do comportamento dos seres humanos, como é registrado pelo Dr. Gallup, pelo Dr. Starch e pelos peritos na venda por reembolso postal.

Faça o *layout* sempre adequado à publicação em que vai aparecer, e nunca o aprove antes de ter visto como ele fica quando grudado na tal publicação. A prática quase universal de aprovar *layouts* no *vácuo*, montados em cartões cinza e cobertos com celofane, é perigosamente enganadora. Um *layout* tem de se associar com o clima gráfico do jornal ou revista que vai publicá-lo. Um cliente jovem e inexperiente disse-me recentemente: "Percebi qual dos seus *layouts* era o melhor logo que os vi pregados em minha parede." Esse não é o ambiente em que os leitores vêem os anúncios.

Não é necessário que os anúncios pareçam anúncios. Se você os fizer parecidos com as páginas editoriais, atrairá cerca de 50% mais leitores. Você talvez pense que o público poderia se ressentir desse truque, mas não existe evidência de que o faça.

Nossos anúncios para o Zippo são desenhados com o mesmo tipo de simplicidade direta utilizada pelos editores da *Life*. Nenhuma superficialidade. Nenhuma confusão. Nenhum uso artístico dos tipos com propósitos decorativos. Nada escrito a mão. Nenhum logotipo. Nada de símbolos. (Logotipos e símbolos eram valiosos nos velhos tempos, porque tornavam possível aos analfabetos identificar a sua marca. Mas o analfabetismo desapareceu dos Estados Unidos, e hoje em dia você pode confiar em nomes impressos para se identificar.)

Editores de revistas descobriram que as pessoas lêem as legendas explicativas sob as fotografias mais do que o texto do artigo; isso também é verdade nos anúncios. Quando analisamos a pesquisa Starch sobre anúncios publicados na *Life*, descobrimos que, em média, *duas vezes* mais pessoas lêem a legenda do que lêem o corpo de texto. Assim, as legendas lhe oferecem o dobro da audiência que você conquista com o texto. Conclui-se que você jamais deveria usar uma fotografia sem colocar uma legenda embaixo dela, e cada legenda deveria ser uma miniatura do anúncio, incluindo o nome do produto e a promessa.

Se você puder fazer o texto com menos de 170 palavras, deve colocá-lo como uma legenda, embaixo da fotografia, como fizemos em nossos anúncios de revista para o chá Tetley.

Se você precisar de um texto muito longo, há algumas fórmulas reconhecidas como incrementadoras da leitura:

(1) Um subtítulo destacado, de duas ou três linhas, entre o título e o texto, aumentará o apetite dos leitores pelo festim que está por vir.

(2) Se você começar seu texto com uma grande letra inicial, aumentará a leitura numa média de 13%.

(3) Mantenha o parágrafo inicial limitado a um máximo de 11 palavras. Um primeiro parágrafo longo espanta os leitores. Todos os seus parágrafos deveriam ser tão curtos quanto possível; parágrafos longos são cansativos.

(4) Depois de 5 a 8 centímetros de texto, insira seu primeiro intertítulo; e daí por diante tempere com alguns intertítulos ao longo do texto inteiro. Eles vão conduzindo o leitor adiante. Faça alguns deles sob forma interrogativa, para excitar a curiosidade sobre o próximo bloco de texto. Uma seqüência engenhosa de intertítulos destacados pode transmitir a essência de toda a sua proposta de vendas aos leitores apressados, preguiçosos demais para palmilhar todo o texto.

(5) Componha seu texto em colunas não maiores do que 40 letras de largura. A maioria das pessoas adquirem seus hábitos de leitura nos jornais, que usam colunas de cerca de 26 letras. Quanto mais largura, menos leitores.

(6) Tipos menores do que o corpo 9 são de difícil leitura pela maioria das pessoas. Este livro está composto em corpo 11.

(7) Tipos serifados, como este, são mais fáceis de ler do que tipos sem serifa, como este. A turma da Bauhaus não sabe disso.

(8) Quando eu era garoto, era moda fazer os redatores blocarem o final de cada parágrafo. Desde então, foi descoberto que as "viúvas" incrementam a leitura. Exceto no final de uma coluna, quando elas tornam mais fácil para o leitor abandonar a leitura.

(9) Quebre a monotonia de um texto longo colocando parágrafos-chave em negrito ou itálico.

(10) Insira ilustrações de quando em quando.

(11) Auxilie a leitura dos parágrafos usando setas, pontos, asteriscos e marcas nas margens.

(12) Se você tem uma porção de fatos não relacionados entre si para citar, não tente relacioná-los com conectivos enfadonhos; simplesmente *numere-os*, como estou fazendo aqui.

(13) Nunca componha o seu texto em negativo (letras brancas num fundo preto) e nunca o componha sobre um fundo cinza ou de cor. Diretores de arte da velha escola acreditavam que esses artifícios forçavam as pessoas a lerem o texto; agora, sabemos que eles tornam a leitura fisicamente impossível.

(14) Se você usar entrelinhas entre os parágrafos, aumentará a leitura numa média de 12%.

Quanto mais mudanças de tipografia você faz no título, menos pessoas irão lê-lo. Em nossa agência, usamos a mesma família de letras, o mesmo tamanho e o mesmo peso de ponta a ponta nos títulos. Componha o título — e é claro todo o seu anúncio — em caixa baixa. LETRAS MAIÚSCULAS SÃO MAIS DIFÍCEIS DE LER, PROVAVELMENTE PORQUE NÓS APRENDEMOS A LER em letras minúsculas. As pessoas lêem todos os livros, jornais e revistas em letras minúsculas.

Jamais desfigure sua ilustração imprimindo o título sobre ela. Diretores de arte superados adoram fazê-lo, mas isso reduz a atenção ao anúncio numa média de 19%. Editores de jornais jamais o fazem. De modo geral, imite os editores. Eles formam os hábitos de leitura dos nossos consumidores. Quando o seu anúncio precisa conter um cupom e você quer o máximo de retorno, ponha-o no alto da página, em destaque, no centro do alvo. Essa posição atrai 80% mais cupons que a tradicional, no canto inferior da página. (Nem 1% dos publicitários sabe disso.)

H. L. Mencken disse, certa feita, que ninguém jamais foi à falência por ter subestimado o gosto do consumidor americano. Não é verdade. Aprendi a acreditar que vale a pena fazer com que todos os *layouts* transmitam uma sensação de bom gosto, desde que você o faça discretamente. Um *layout* feio sugere um produto feio. São muito poucos os produtos que não se beneficiam de receber uma passagem de primeira classe para a vida. Numa sociedade socialmente ascendente, as pessoas não querem ser vistas consumindo produtos que seus amigos consideram de segunda classe.

PAINÉIS

Recentemente recebi emocionante tributo a um de meus painéis, na forma de uma carta de um pastor de uma Igreja Batista Etíope na Califórnia:

Prezado Sr. Ogilvy,

Sou o líder de um pequeno grupo religioso que está espalhando a palavra do Senhor nas rodovias da Califórnia. Gastamos um bocado com publicidade em painéis, e temos muitos problemas, dado o alto custo das artes. Vi o painel da Schweppes, *aquele com um homem barbado e com os braços abertos.* Eu gostaria de saber se: o senhor poderia mandar a fotografia para mim, quando não precisar mais dela. Nós imprimiríamos nela as palavras "Jesus Salva", e a colocaríamos pelas estradas da Califórnia, disseminando a palavra do Senhor.

Se o rosto do meu cliente pudesse ser identificado com o do Filho de Deus, nós nunca mais teríamos que gastar um centavo em publicidade, e todo o mundo batista seria convertido para a Schweppes. Minha imaginação balançou. Só o medo de perder minhas comissões persuadiu-me a dizer ao pastor que o Comandante Whitehead não estava à altura desse papel divino.

Jamais gostei de painéis. O motorista que passa não tem tempo para ler mais do que seis palavras num cartaz, e minha experiência inicial como vendedor de porta em porta convenceu-me de que é impossível vender alguma coisa com apenas seis palavras. Num anúncio de jornal ou de revista posso usar centenas de palavras. Painéis são para fazedores de *slogans*.

Como pessoa, tenho paixão pela paisagem. E nunca vi uma paisagem que tenha sido melhorada por um painel. Onde a paisagem é tão agradável, o homem atinge sua máxima vilania ao erguer um painel. Quando me aposentar da Madison Avenue, vou fundar uma sociedade secreta de vigilantes mascarados que viajarão pelo mundo afora, em silenciosas bicicletas a motor, derrubando painéis na escuridão das noites sem luar. Quantos tribunais nos condenarão quando formos pegos nesses atos de benefício à cidadania?

Os donos dos painéis são lobistas inescrupulosos. Usaram os piores métodos para torpedear a legislação que proibia os cartazes nas novas rodovias americanas de alta velocidade. Eles alegaram que a indústria dos cartazes emprega milhares de trabalhadores. Os bordéis também.

Mas, afinal, os painéis continuam aí, e mais cedo ou mais tarde você poderá ser convocado a criar um deles. Então, vamos lá...

Tente fazer do seu painel um *tour de force*, aquilo que Savignac chama de "um escândalo visual". Se você exagerar o escândalo, vai parar o tráfego e causar acidentes fatais.

Na Europa é moda, faz tempo, criticar os cartazes americanos por serem de tão baixo nível. Ninguém pode fingir que os cartazes americanos se igualem, esteticamente, com os pôsters de Cassandre, Leupin, Savignac e McKnight Kauffer. Mas, vamos e convenhamos, há razão para acreditar que o estilo cafona americano vai mais direto ao ponto e é mais bem lembrado que os *designs* mais elegantes dos artistas europeus.

Durante a Segunda Guerra Mundial, o Governo canadense contratou meu antigo patrão, o Dr. Gallup, para medir a eficiência relativa de alguns pôsters de recrutamento. O Dr. Gallup descobriu que os pôsters que davam melhor resultado com a maioria das pessoas eram os que usavam fotografias ou arte realista. Desenhos simbólicos ou abstratos não comunicavam a mensagem com rapidez suficiente.

O seu cartaz deveria transmitir a promessa de venda do seu produto não apenas em palavras, mas também em ilustração. Apenas uma meia dúzia de publicitários tem o talento para fazê-lo, e eu não sou um deles.

Se o seu cartaz está dirigido para os motoristas que passam — você, seu maroto, você! — ele tem de fazer seu trabalho em apenas *cinco segundos*. A pesquisa demonstrou-nos que o cartaz comunicará mais rapidamente se você usar cores puras, fortes; não pinte com uma paleta suja. Nunca use mais de três elementos na composição, e destaque-os contra um fundo branco.

Acima de tudo, use a maior letra possível (sem serifa), e faça o nome da sua marca visível de um relance. Isso raramente acontece.

Se você seguir essas diretrizes simples, produzirá cartazes que atingirão o objetivo. No entanto, preciso adverti-lo de que você não se fará benquisto entre os apreciadores da arte contemporânea. Pior ainda, talvez você seja crucificado como um renegado.

VIII

Como Fazer Bons Comerciais de Televisão

"Os poucos segundos de um comercial de televisão", diz Stanhope Shelton, "caberão numa caixinha de uns seis centímetros de diâmetro. O conteúdo dessa pequena caixinha representa várias semanas do esforço concentrado de pelo menos trinta pessoas. E pode fazer a diferença entre o lucro e o prejuízo."

Descobri que é mais fácil dobrar o poder de venda de um comercial do que dobrar a audiência de um programa. Isso talvez seja novidade para os fidalgos de Hollywood, que produzem os programas e olham de cima para baixo para nós, obscuros redatores que escrevemos os comerciais.

O objetivo de um comercial não é *divertir* o telespectador, mas *vender* para ele. Horace Schwerin conta que não existe correlação entre as pessoas *gostarem* dos comerciais e *serem convencidas* a *comprar* por eles. Mas isso não significa que os comerciais devem ser deliberadamente mal-comportados. Ao contrário, existem razões para acreditar que eles devem ser humanos e amistosos, se você puder de fazê-lo sem se tornar pegajoso.

Nos primeiros tempos da televisão, cometi o erro de confiar nas palavras para fazer a venda. Eu estava acostumado com o rádio, onde não existe imagem. Agora sei que na televisão você tem de fazer com que as *imagens* contem a história. O que você *mostra* é mais importante do que o que você *diz*. Palavras e imagens devem caminhar juntas, reforçando-se mutuamente. A única função das palavras é explicar o que as imagens estão mostrando.

O Dr. Gallup afirma que, se você diz alguma coisa e não a ilustra, o espectador imediatamente a esquece. Concluo que, se você não mostra algo, não há por que dizê-lo. Experimente projetar seu comercial com o som desligado; se ele não vende sem o som, é inútil.

A maioria dos comerciais atordoa o espectador, afogando-o em logorréia, uma torrente de palavras. Aconselho que você se restrinja a 90 palavras por minuto.

É verdade que se pode transmitir mais pontos de venda num comercial de televisão que num anúncio impresso. Mas os comerciais mais eficazes são construídos em torno de um ou dois pontos apenas, expostos com simplicidade. Uma confusão de muitos pontos deixa o espectador impassível. Por isso os comerciais nunca devem ser criados em comitê. Concessões não têm lugar na publicidade. Seja lá o que você faça, *faça-o até o fim*!

Quando anuncia em revistas e jornais, você tem que começar atraindo a atenção do leitor. Mas na televisão a espectadora já está atenta, seu problema é não perder a sua atenção. É fatal anunciar que ela está prestes a ouvir "uma palavra amiga do nosso patrocinador". Seu humor reagirá a esse estímulo como os cães de Pavlov reagiam ao som da campainha: ela vai sair da sala.

O objetivo da maioria dos comerciais é transmitir sua promessa de venda de tal maneira que a espectadora se lembre dela na próxima vez em que for às compras. Portanto, aconselho que você repita sua promessa pelo menos duas vezes no comercial. Que você a ilustre com imagens e que a imprima na tela como um título ou uma sobreposição de letreiro.

A consumidora média, pobre coitada, é sujeita hoje em dia a 10.000 comerciais por ano. Assegure-se de que ela reconhece o nome do produto que está sendo anunciado no comercial. Repita-o *ad nauseam*, do princípio ao fim.* Mostre-o pelo menos uma vez em um título. E mostre-lhe a embalagem que você quer que ela reconheça na loja.

Faça do seu produto o herói do comercial, como ele é o herói em nosso famoso comercial para o café Maxwell House — apenas uma cafeteira e uma xícara de café — "Bom até a última gota".

(Não fui eu quem inventou esse *slogan*; foi Theodore Roosevelt.)

Na publicidade em televisão, você tem exatamente 58 segundos para fazer sua venda, e seu cliente está pagando 500 dólares por segundo.** Não perca tempo com preliminares irrelevantes. Comece a vender no seu primeiro *frame* e não pare de vender até o último.

Para produtos que se prestam à venda por demonstração — como por exemplo ingredientes de cozinha, maquilagem, e remédios para sinusite — a televisão é o mais poderoso meio de publicidade jamais inventado. O êxito em seu uso depende antes de mais nada de seu talento para criar demonstrações *acreditáveis*. A divulgação de alguns dos processos da Comissão Federal de Comércio tornou o público americano desconfiado de truques.

O Dr. Gallup é uma fonte de informações úteis sobre como o público reage a diferentes tipos de comercial. Ele nos ensina que os comerciais que começam pela exposição de um problema, depois colocam seu produto como solução para o problema, e por fim comprovam a solução com a demonstração convencem quatro vezes mais pessoas do que os comerciais que fazem apenas um discurso sobre o produto.

O Dr. Gallup explica também que os comerciais com um forte elemento de *novidade* são particularmente eficazes. Portanto, você deve extrair até a última gota de valor de novidade dos elementos disponíveis para os seus comerciais. Mas às vezes — o

---

* Uma de minhas irmãs sugeriu que o nome de nossa agência deveria ser mudado para Ad Nauseam Sociedade Anônima.

** Até os anos 70, a grande maioria dos comerciais na TV americana tinham 60 segundos de duração. (N. T.)

que se vai fazer? — não existem quaisquer novidades. Talvez seu produto já esteja no mercado há algumas gerações e não houve nenhum desenvolvimento significativo em sua fórmula. Alguns produtos não conseguem se apresentar como solução para nenhum problema. Alguns não se prestam a demonstrações. O que é que você faz quando estes trunfos garantidos lhe são negados? Você desiste? Não necessariamente. Existe uma outra jogada disponível, capaz de mover montanhas: *emoção* e *clima*. Essa é uma jogada difícil de usar sem provocar o escárnio do espectador, mas tem sido utilizada com sucesso consumado na Europa, notavelmente pela Mather & Crowther em seus comerciais para os cigarros Player's.

O consumidor médio vê, atualmente, 900 comerciais por mês. E a maioria deles escorre de sua memória como a água das costas de um pato. Por isso você deve dar aos seus comerciais um toque de singularidade, um carrapicho que fará com que eles se agarrem na mente do consumidor. Mas seja muito cuidadoso sobre como você faz isso. O telespectador pode se lembrar da sua isca, mas esquecer a sua promessa de vendas.

Às duas da madrugada de uma certa noite, eu acordei de um sono agitado com um "gancho" desses em minha mente, e o anotei: abrir os comerciais da Pepperigde Farm com Titus Moody dirigindo uma carruagem de padeiro puxada por uma parelha de cavalos ao longo de uma estrada no campo. Deu certo.

Não *cante* sua mensagem de vendas. Vender é um negócio sério. Como você reagiria se fosse à Sears para comprar uma frigideira e o vendedor começasse a cantar um *jingle* para você?

A sinceridade me obriga a dizer que não tenho uma pesquisa conclusiva para apoiar meu ponto de vista de que os jingles são menos persuasivos do que a locução. Baseio-me nas dificuldades que sempre tive para entender as palavras nos *jingles* e em minha experiência como vendedor de porta em porta; nunca cantei para os meus fregueses. Os anunciantes que acreditam no poder de venda dos *jingles* jamais tiveram que vender nada.

Esse meu preconceito não é compartilhado por todos os meus colegas. Quando saio em férias, eles ocasionalmente têm tempo para pespegar um *jingle* num de nossos clientes, e pelo menos um de seus *jingles* fez o céu retumbar. Essa exceção comprova a minha regra.*

As telas dos cinemas têm 13 metros de largura. Tamanho suficiente para cenas de multidão e tomadas de longa distância. Mas a tela da televisão tem menos de 60 centímetros de largura, o que não é tamanho suficiente para o *Ben Hur*. Aconselho que você use nada mais que *close-ups* extremos nos comerciais de televisão.

Evite situações vulgarizadas — bebedores deliciados, comedores extasiados, famílias exibindo companheirismo, e todos os outros clichês da pobre e velha Madison Avenue. Eles não provocam o interesse dos *consumidores* para *comprar* seu produto.

---

* Depois de ter escrito este parágrafo, examinei pesquisas sobre dois comerciais de uma famosa marca de margarina. Os comerciais eram idênticos, exceto pelo fato de que, num, as palavras eram ditas, enquanto no outro elas eram cantadas. A versão falada convenceu três vezes mais consumidores do que a versão cantada.

IX

Como Fazer Boas Campanhas para Produtos Alimentícios, Destinos Turísticos e Remédios

A maioria dos mandamentos deste livro e a pesquisa da qual se originam têm a ver com a publicidade em geral. Mas cada categoria de produto apresenta seus próprios problemas especiais. Quando você anuncia detergentes, por exemplo, tem de decidir se vai prometer que o seu produto irá lavar mais branco, ou mais limpo, ou mais brilhante. Quando anuncia uísque, você deve decidir que destaque dará à garrafa. Quando anuncia desodorante, tem de decidir se a ênfase maior será dada ao fato de que ele "desodoriza" a consumidora, ou de que evita o suor.

PRODUTOS ALIMENTÍCIOS

A publicidade para produtos alimentícios apresenta muitos problemas específicos. Por exemplo, como fazer a comida parecer apetitosa no preto e branco de uma tela de televisão? Pode alguma combinação de *palavras* persuadir o leitor de seu anúncio de que um produto alimentício é *saboroso*? Quão importantes são as *promessas de nutrição*? Você deve mostrar gente comendo o produto?

Tentei responder a essas questões por meio da pesquisa. O que consegui aprender pode ser condensado em 22 mandamentos:

Mídia Impressa

(1) Construa o seu anúncio em torno da atração do *apetite*.

(2) Quanto maior a ilustração do alimento, mais se provoca o apetite.

(3) Não mostre gente em anúncios de alimentos. Elas ocupam espaço que seria mais bem empregado para a comida em si.

(4) Use cor. Comida parece mais apetitosa em cores do que em preto e branco.

(5) Use fotografias — elas excitam o apetite mais do que as artes.

(6) Uma fotografia é melhor do que duas ou mais. Se você tem que usar várias fotografias, torne uma delas dominante.

(7) Publique uma *receita*, sempre que puder. A dona-de-casa está sempre à procura de novas maneiras de agradar a sua família.

(8) Não esconda sua receita no miolo do texto. Destaque-a, forte e claramente.

(9) Ilustre sua receita na fotografia principal.

(10) Não imprima a receita sobre retículas, ela será lida por muito mais mulheres se você a imprimir sobre o papel limpo e branco.

(11) Inclua *novidades* em seus anúncios sempre que puder — novidades sobre um novo produto, a melhora de um velho produto ou um novo uso para um produto antigo.

(12) Faça o seu título específico, e não genérico.

(13) Inclua o nome da marca no título.

(14) Coloque o título e o texto *embaixo* da ilustração.

(15) Exiba a embalagem com destaque, mas não deixe que ela domine a sua apetitosa fotografia.

(16) Seja sério, não use humor ou fantasia. Não seja engraçadinho no título. Alimentar a família é um assunto sério para a maioria das donas-de-casa.

Televisão

(17) Mostre como *preparar* seu produto.

(18) Use o recurso do problema-solução sempre que puder fazê-lo sem forçar a situação.

(19) Sempre que possível, forneça *novidades* e mostre-as vistosa e claramente.

(20) Mostre o produto *logo no início* do comercial.

(21) Não use o som gratuitamente. Use efeitos sonoros somente quando forem relevantes para o pro-

duto — o borbulhar de uma cafeteira, o chiado de um filé, o som crocante do cereal.

(22) Comerciais existem para vender. Não permita que a *diversão* domine.

DESTINOS TURÍSTICOS

A experiência como criador publicitário para a British Travel & Holidays Association, para Porto Rico e para o Serviço Turístico dos Estados Unidos, levou-me a algumas conclusões sobre como se cria boa publicidade de turismo. Elas podem ser sumarizadas como se segue:

(1) Publicidade para destinos turísticos tem por objetivo afetar a imagem do país em questão. É politicamente importante que o efeito seja *favorável*. Se você publica anúncios de baixo nível sobre o país, vai fazer as pessoas pensarem que é um país de baixo nível.

(2) Turistas não viajam milhares de quilômetros para ver aquilo que podem ver dobrando a esquina. Por exemplo, gente que vive na Suíça jamais será persuadida a viajar 8.000 quilômetros para ver as montanhas do Colorado. Anuncie o que é *exclusividade* de seu país.

(3) Seus anúncios devem estabelecer na mente do leitor uma imagem que ele *jamais esqueça*. O período de gestação entre a leitura de um anúncio e a compra de uma passagem costuma ser muito longo.

(4) Seus anúncios aparecem em veículos lidos por pessoas com condições de fazer viagens de longa distância. Essas pessoas são bem-educadas. Não insulte sua inteligência; escreva em linguagem adulta — não

com os lugares-comuns da publicidade convencional de turismo.

(5) A maior barreira às viagens internacionais é o custo. Seus anúncios devem ajudar o leitor a racionalizar o custo de sua jornada, vendendo os destaques culturais e de *status*.

(6) Hábitos de viagem são peculiarmente sujeitos à *moda*. Seus anúncios devem pôr o país no mapa como sendo o lugar para onde "todo mundo" está indo. Popularidade funciona como mágica no turismo.

(7) As pessoas *sonham* com lugares distantes. Seus anúncios devem converter seus sonhos em ação, transformando uma energia potencial em energia cinética. A melhor maneira de fazê-lo é oferecer ao leitor informações específicas sobre como realizar o seu sonho. Uma combinação de fotografias "que dão água na boca" e informação específica foi o que trouxe os melhores resultados para o turismo britânico, americano e porto-riquenho.

(8) Cuidado com assuntos esotéricos. Eles podem interessar os nativos do país que patrocina a campanha, mas o turista estrangeiro — o consumidor — está aí para colecionar lugares-comuns.

Meus anúncios "Venha à Grã-Bretanha" foram manifestadamente bem-sucedidos, mas sofreram uma carga violenta de crítica na imprensa britânica. A acusação usada contra eles foi de que prejudicavam o prestígio britânico porque projetavam uma imagem antiquada. Demasiados chalés com telhado de palha, demasiada pompa e circunstância. Sou censurado por criar a impressão de que a Inglaterra é um pequeno reino bucólico, vivendo das glórias de um passado antigo. Por que não mostrei a Inglaterra como "ela realmente é", o estado pleno de vitalidade, industrializado, rico, que deu ao mundo a penicilina, os motores a jato, Henry Moore e as usinas atômicas?

Embora esse tipo de pensamento talvez seja *politicamente* válido, o único propósito da nossa campanha é atrair turistas, e nenhum americano irá atravessar o oceano para ver uma usina nuclear. Ele preferiria ver a Abadia de Westminster; e eu também.

Ao decidir os países a visitar quando sai para o exterior, o turista americano é influenciado por sua atitude em relação aos habitantes locais. Minhas pesquisas mostram que ele espera que os britânicos sejam polidos, cultos, honestos, diretos, limpos e dignos. Mas também espera que eles sejam reservados, pomposos e sombrios. Portanto, em nossa campanha, fazemos tudo para corrigir os aspectos desagradáveis desse estereótipo, escrevendo sobre a amabilidade do povo inglês.

Fiquei surpreso ao descobrir que os turistas americanos não viajam "guiados pelo seu estômago". Graduado que fui numa cozinha francesa, acho difícil acreditar que os turistas americanos realmente gostem mais da cozinha inglesa do que da cozinha francesa, mas este é o caso. Eles não conseguem ler os cardápios franceses, e detestam molhos muito marcantes.

A Inglaterra também não sofre desvantagem frente à França quando se trata de matar a sede do turista americano. Pode ser que ele não aprecie a cerveja inglesa, mas certamente gosta mais de beber uísque escocês do que clarete — uma preferência compartilhada por um número crescente de franceses. Estamos vivendo tempos terríveis!

Certa feita, flagrei-me conspirando com um ministro britânico sobre como conseguiríamos persuadir o Tesouro de Sua Majestade a soltar mais dinheiro para a publicidade do turismo britânico na América. Disse-me ele: "Por que razão um americano, em pleno juízo, haveria de gastar suas férias na umidade fria de um

verão inglês, quando ele pode, com a mesma facilida-
de, ir aquecer-se sob os céus da Itália? Eu só posso
supor que a sua publicidade é a resposta."

Absolutamente certo!

REMÉDIOS

Anunciar remédios é uma arte especial. Aquı, expostos com
o dogmatismo da brevidade, estão os princípios que recomendo
aos que praticam essa arte: *

(1) Um bom anúncio para remédios de venda libe-
rada baseia-se na "diferença competitiva" entre sua
marca e os seus concorrentes.

(2) Um bom anúncio de remédio contém *novidades*. As novidades podem estar num novo produto, um
novo aspecto de um produto já existente, um novo
diagnóstico ou um novo nome para uma moléstia familiar — como "halitose".

(3) Um bom anúncio de remédio tem um ar de
seriedade. O desconforto físico não é tema de piada
para quem o sofre. O sofredor gosta que reconheçam
que sua queixa é real.

(4) Um bom anúncio de remédio demonstra *autoridade*. Existe um relacionamento médico-paciente inerente aos textos sobre medicamentos, não apenas uma
relação vendedor-comprador.

(5) O anúncio não deve somente propagar os méritos do seu produto, ele deve também explicar a *molés-

---

* Agradeço a Louis Redmond pela ajuda que me deu para chegar a estes
princípios.

tia. O paciente deve sentir que aprendeu algo sobre o seu estado.

(6) Não abuse da credulidade. Uma pessoa que sofre quer acreditar que você pode ajudá-la. Esse desejo de acreditar é um ingrediente ativo na eficácia do produto.

X

*Como Atingir o Topo
na Carreira*

(Conselho aos Jovens)

Um dos meus ancestrais irlandeses entrou para o serviço da John Company e conseguiu "sacudir a árvore dos pagodes" * Em outras palavras, ele fez fortuna. Agora eu próprio já sou um ancestral e gasto minhas horas despertas sacudindo a árvore dos pagodes na Madison Avenue. Como se faz isso?

Tendo observado por catorze anos a carreira de meus próprios empregados, identifiquei um padrão de comportamento que leva rapidamente ao topo.

Primeiro, você tem de ser ambicioso, mas não pode ser tão cruamente agressivo que seus companheiros de trabalho se apercebam e o destruam. *Tout soldat porte dans sa giberne le bâton de maréchal*. Sim, mas não deixe que ele seja percebido.

---

* "Árvore do dinheiro" — Pagode era antiga moeda indiana —"To shake the pagoda tree": enriquecer rapidamente. (N. T.)

Se você entrar diretamente numa agência de publicidade ao formar-se na Escola de Administração de Harvard, esconda sua arrogância e continue estudando. Depois de um ano de tedioso treinamento, você provavelmente será colocado como assistente de executivo de contas, uma espécie de aspirante a oficial. Quando isso acontecer, esforce-se para tornar-se o homem mais bem informado da agência sobre a conta que lhe designaram. Se é, por exemplo, uma conta de gasolina, leia livros sobre química, geologia e distribuição de produtos de petróleo. Leia todos os jornais profissionais da área, leia todos os relatórios de pesquisa e planos de marketing que sua agência já fez sobre o produto. Gaste as manhãs de sábado em postos de serviços, abastecendo automóveis e conversando com os motoristas. Visite as refinarias e os laboratórios de pesquisa do seu cliente. Estude a publicidade dos concorrentes. Ao fim do seu segundo ano, você saberá mais sobre gasolina do que seu chefe, e então estará preparado para sucedê-lo.

A maioria dos jovens empregados nas agências são demasiado preguiçosos para fazer esse tipo de dever de casa. Eles não passam da superfície dos assuntos.

Claude Hopkins atribuiu seu sucesso ao fato de que trabalhava o dobro do número de horas dos outros redatores, e assim subiu na carreira com o dobro da velocidade deles. Uma das melhores agências surgidas nos últimos quarenta anos deve sua supremacia ao fato de que seu fundador vivia tão infeliz com sua mulher que raramente saía do escritório antes da meia-noite. Em meus tempos de solteiro, eu costumava trabalhar até as primeiras horas da manhã. Se você prefere gastar todo o seu tempo disponível cultivando rosas, ou brincando com seu filho, eu o admiro, mas não se queixe se não for promovido rapidamente. Os administradores promovem os homens que produzem mais.

Se o pessoal das agências de publicidade fosse pago por peça executada, os parasitas receberiam o que merecem, e os dínamos triunfariam ainda mais rápido do que acontece atualmente. Quando Dr. William B. Shockley estudou a criatividade dos cientistas nos Laboratórios Bell, descobriu que aqueles que se situavam no quartil mais criativo registravam dez vezes mais patentes do que aqueles do quartil menos criativo, mas ganhavam apenas 50% a mais. Injusto? Sim, acho que sim.

Albert Lasker costumava pagar aos redatores menos produtivos da Lord & Thomas 100 dólares por semana, mas pagava a Claude Hopkins 50.000 dólares para cada milhão de dólares de publicidade que escrevia. Foi uma era de lucros para todos eles — Lasker, Hopkins e seus clientes.

Atualmente é moda alegar que um indivíduo sozinho jamais é responsável por uma campanha de publicidade bem-sucedida. Essa ênfase no "trabalho de equipe" é demagogia — uma conspiração da maioria medíocre. Nenhum anúncio, nenhum comercial, nenhuma imagem pode ser criada por um comitê. A maioria dos altos administradores sabe disso no seu íntimo, e mantém os olhos abertos para esses indivíduos raros, que põem ovos de ouro. Esses campeões já não podem ser remunerados hoje na proporção de Hopkins, mas são as únicas pessoas nas agências de publicidade livres da ameaça de demissão em tempos de escassez. Eles valem dinheiro.

A maior parte do trabalho que você faz numa agência pode ser mera rotina. Se você o faz bem, terá um progresso gradual. Mas sua oportunidade de ouro chegará quando surgir uma grande ocasião. O truque é reconhecer a grande ocasião quando ela se apresenta.

Há alguns anos, a Lever Brothers pediu às suas sete agências que apresentassem um documento sobre a política para o meio televisão, que na época era muito novo. As outras agências prepararam documentos adequados, em cinco ou seis páginas, mas um jovem na minha equipe deu-se ao trabalho de organizar toda a estatística disponível e, depois de trabalhar dia e noite por três semanas, surgiu com uma análise que cobriu 177 páginas. Seus colegas preguiçosos zombaram dele, chamando-o de trabalhador compulsivo — mas um ano mais tarde ele foi eleito para o nosso *board* de diretores. As carreiras mais bem-sucedidas são construídas sobre incidentes isolados como esse. *Il faut épater les clients.*

A maioria dos jovens competentes que chegam às agências, hoje em dia, estão determinados a tornar-se executivos de contas, provavelmente porque aprenderam nas escolas de administração que sua missão na vida é gerenciar e administrar, em vez de realizar trabalhos especializados. Escapa-lhes à atenção o fato de que os líderes das seis maiores agências do mundo foram todos *especialistas* antes de atingir o topo. Quatro deles foram redatores, um era da mídia e um da pesquisa. Nenhum deles jamais foi executivo de contas.

É muito mais difícil criar fama como executivo de contas do que como especialista, porque é raro que um executivo de contas tenha a oportunidade de cobrir-se de glória; quase todos os triunfos espetaculares são realizados pelos especialistas. Portanto, aconselharia meu próprio filho a especializar-se na mídia, na pesquisa ou na criação. Nesses departamentos ele encontraria uma competição menos terrível, ele encontraria oportunidades mais freqüentes para destacar-se acima do trabalho rotineiro de manutenção, e adquiriria habilidade, que dá a um homem segurança — psicológica e financeira.

Talvez alguns jovens sejam atraídos pela rotina de viagens e entretenimento que faz parte do trabalho do executivo de contas. Mas eles logo perceberão que almoçar em bons restaurantes não é um prazer quando você tem que explicar uma queda na participação de mercado, enquanto saboreia o suflê; e que percorrer o circuito de um mercado-teste pode ser um pesadelo, se um de seus filhos está no hospital.

Se meu filho ignorasse minha recomendação e se tornasse um executivo de contas, eu lhe ofereceria estes conselhos:

(1) Cedo ou tarde, um cliente vai dar-lhe a "bola preta", seja porque não gosta de você, ou porque você falhou com ele, ou porque ele atribui a você o que, na verdade, é uma falha de algum departamento de serviço da agência. Se isso lhe acontecer, *não se desalente*! Eu conheço o presidente de uma agência que sobreviveu a três bolas pretas de três clientes no período de um ano.

(2) Você provavelmente vai se apagar se nunca superar a função de mero canal de comunicação entre seu cliente e os departamentos da agência, como um

garçom que fica no vaivém entre os cozinheiros e os clientes no salão de jantar. Esses executivos de contas são chamados "homens de contato". Não há dúvida de que executará essa função com elegância, mas espero que você veja o seu trabalho sob uma perspectiva mais ampla. Os bons executivos de contas adquirem a mais complicada de todas as habilitações, eles se tornam *homens de mercado*.

(3) Por mais que você trabalhe duro e por mais capacitado que se torne, não estará apto a representar sua agência nos níveis mais altos de seus clientes antes de chegar aos 35 anos. Um de meus companheiros deve a rapidez da sua ascensão ao fato de que se tornou careca antes dos 30, e um outro teve a grande sorte de tornar-se grisalho aos 40. Seja paciente.

(4) Você jamais se tornará um executivo de contas sênior se não aprender a fazer *boas apresentações*. A maioria dos seus clientes serão grandes corporações e você deve se capacitar para vender planos e campanhas para seus comitês. Boas apresentações têm de ser bem escritas e bem realizadas. Você pode aprender a escrevê-las bem estudando o trabalho de seus mestres e fazendo muito esforço. Você pode aprender a realizá-las bem observando as técnicas dos profissionais — principalmente os apresentadores da Nielsen.

(5) Não cometa o erro habitual de considerar os seus clientes como simplórios hostis. Torne-os seus amigos. Comporte-se como se você estivesse na equipe deles. Compre ações de sua companhia. Tente não se envolver com a sua política; seria uma pena perder uma conta só porque você apostou no cavalo errado. Imite Talleyrand, que serviu a França por sete regimes, e o Vigário de Bray: "Seja qual for o Rei que venha a reinar, serei o Vigário de Bray, senhor!".

(6) Em suas negociações do dia-a-dia com clientes e colegas, lute pelos reis, rainhas e bispos, mas sacrifique os peões. O hábito de ceder com *elegância* em questões triviais o tornará irresistível naquelas *raras* ocasiões em que precisará tomar uma posição e lutar por uma causa mais importante.

(7) Não discuta os negócios de seus clientes em elevadores, e guarde seus papéis confidenciais debaixo de chave. A reputação de inconfidente *poderá arruiná-lo.*

(8) Quando quiser "plantar" uma idéia na mente de um redator ou de um diretor de pesquisa, faça-o em particular e com tato. A invasão de território alheio não é bem-vista na Madison Avenue.

(9) Se você tiver coragem para admitir seus erros para seus clientes e colegas, conquistará o seu respeito. Sinceridade, objetividade e honestidade intelectual são um *sine qua non* para quem faz carreira na publicidade.

(10) Aprenda a escrever memorandos internos lúcidos. Lembre-se de que o pessoal sênior a quem eles são endereçados tem mais trabalho em suas mesas — e em suas maletas — do que você. Quanto mais longos os seus memorandos, menos provável que sejam lidos pelos homens que têm o poder de decidir sobre seu conteúdo. Em 1941, Winston Churchill mandou o seguinte memorando ao Primeiro-Lorde do Almirantado:

> Rogo-lhe que informe hoje, *numa face de uma folha de papel,* como a Marinha Real está sendo adaptada para atender às condições da guerra moderna. [O grifo é meu.]

Nunca se esqueça de que você é mais bem pago que os seus contemporâneos em outros negócios e profissões. Existem três razões para isso. Primeira, a demanda de publicitários capazes é maior do que a oferta. Segunda, os benefícios paralelos, ainda que substanciais, são menores do que os que você receberia no Exército ou na maioria das corporações industriais. Terceira, existe menor estabilidade no emprego na publicidade do que na maioria das outras profissões. Procure desesperadamente manter suas despesas abaixo de seus rendimentos, de forma que você possa sobreviver num período de desemprego. Aproveite as opções que lhe sejam dadas de compra de ações de sua agência, e invista em outras direções. A aposentadoria paga pelo seguro social é muito pequena para um publicitário de 65 anos de idade.

Cheguei à conclusão de que um dos mais reveladores sinais da capacidade de um jovem é o uso que faz de suas férias. Alguns jogam fora aquelas três semanas, enquanto outros extraem delas mais do que de todo o resto do ano. Ofereço esta receita para *férias regeneradoras*:

Não fique em casa dando voltas no mesmo lugar. Você precisa de uma mudança de cenário.

Leve sua mulher, mas deixe as crianças com o vizinho. Filhotes são uma chatice durante as férias.

Isole-se de qualquer contato com a publicidade.

Tome uma pílula para dormir por noite, nas primeiras três noites.

Respire ar fresco e faça muito exercício.

Leia um livro cada dia — 21 livros em três semanas. (Presumo que você já tenha feito o curso de leitura rápida do Clube do Livro do Mês, e que você possa ler 1.000 palavras por minuto.)

Amplie seus horizontes indo para o exterior, mesmo que você tenha que se hospedar em hotéis baratos. Mas não viaje tanto que acabe voltando de mau humor e exausto.

Os psiquiatras dizem que todo mundo deveria ter um *hobby*. O *hobby* que eu recomendo é a *publicidade*. Escolha um tema sobre o qual sua agência saiba muito pouco e torne-se uma autoridade nele. Planeje escrever um bom artigo cada ano e publique-o na *Harvard Business Review*. Temas recompensadores: a psicologia dos preços no varejo, novas maneiras de estabelecer um orçamento ideal de publicidade, o uso da publicidade pelos políticos, obstáculos que impedem os anunciantes internacionais de usarem a mesma campanha pelo mundo afora, o conflito entre *reach* e *frequency* no planejamento de mídia. Uma vez que você tenha se tornado a autoridade máxima em qualquer desses assuntos enfadonhos, estará habilitado a emitir o seu próprio brevê.

Em suma, mergulhe de ponta-cabeça na área, mas tenha o cuidado de escolher a área certa. Diz Sophie Tucker: "Fui rica e fui pobre; creia-me, querido, ser rica é melhor."

XI

A Publicidade Deveria Ser Abolida?

Há algum tempo Lady Hendy, minha irmã mais velha, que é socialista, convidou-me a concordar com ela em que a publicidade deveria ser abolida. Achei difícil debater essa sugestão ameaçadora, porque não sou nem economista, nem filósofo. Mas ao menos consegui demonstrar que as opiniões estão divididas sobre a questão.

O finado Aneurin Bevan achava que a publicidade era "uma obra nociva". Arnold Toynbee (de Winchester e Balliol) "não podia pensar em nenhuma circunstância em que a publicidade não fosse um mal". O professor Galbraith (Harvard) sustenta que a publicidade tenta as pessoas a desperdiçar dinheiro em posses "não necessárias", quando deveriam estar gastando-o em obras públicas.

Mas seria um erro assumir que todos os liberais compartilham a visão Bevan-Toynbee-Galbraith da publicidade. O presidente Franklin Roosevelt a percebia sob uma perspectiva diferente:

Se eu estivesse começando minha vida de novo, penso que preferiria ir para o negócio da publicidade a ir para qualquer outro... A elevação geral dos padrões da civilização moderna em todos os grupos de pessoas, durante o último meio século, teria sido impossível sem a divulgação do conhecimento dos padrões mais altos por meio da publicidade.

Sir Winston Churchill concorda com o Sr. Roosevelt:

A publicidade alimenta o poder de consumo do homem. Ela coloca diante de um homem o objetivo de uma casa melhor, de roupas melhores, de comida melhor para si e para a sua família. Ela estimula o esforço individual e a produção maior.

Praticamente todos os economistas sérios, seja qual for a sua cor política, concordam que a publicidade serve a um objetivo útil *quando é usada para dar informações sobre novos produtos.* Afirmou Anastas L. Mikoyan, o russo:

A missão da nossa publicidade soviética é dar ao povo informações exatas sobre as mercadorias à venda, ajudar a criar novas demandas, a cultivar novos gostos e exigências, a promover a venda de novos tipos de mercadoria e explicar o seu uso ao consumidor. O objetivo primeiro da publicidade soviética é dar uma descrição verdadeira, exata, competente e excitante da natureza, qualidade e propriedade das mercadorias anunciadas.

O economista vitoriano Alfred Marshall também aprovava a publicidade "informativa" de novos produtos, mas condenava como sendo um desperdício o que ele chamava de publicidade "combativa". Walter Taplin, da London School of Economics, destaca que a análise da publicidade feita por Marshall "mostra sinais destes preconceitos e atitudes emocionais para com a publicidade, dos quais ninguém parece estar completamente livre, nem mesmo os economistas clássicos".

Na verdade, havia um traço de afetação em Marshall; seu mais ilustre aluno, Maynard Keynes, certa feita descreveu-o como "uma pessoa totalmente absurda". O que Marshall escreveu sobre a publicidade foi adotado por muitos economistas depois dele, e tornou-se doutrina ortodoxa garantir que a publicidade "combativa" — ou "persuasiva" — é um desperdício econômico. Será que é?

Minha experiência sugere que o tipo de publicidade factual, informativa, que os cavalheiros endossam é mais efetiva em *termos de resultados de vendas* que a publicidade "combativa" ou "persuasiva" que eles condenam. O interesse comercial e a virtude acadêmica marcham lado a lado.

Se todos os anunciantes abandonassem a publicidade escandalosa e adotassem o tipo de publicidade informativa e factual que criei para a Rolls Royce, a KLM Royal Dutch Airlines e a Shell, eles não só incrementariam suas vendas como ainda se incluiriam no grupo dos bons moços. Quanto mais informativa sua publicidade, mais persuasiva ela será.

Em recente pesquisa entre os líderes de opinião, a Hill & Knowlton perguntou: *"Deveriam os anunciantes fornecer os fatos e somente os fatos?"* O voto a favor dessa proposição austera foi surpreendentemente afirmativo.

	SIM
Líderes religiosos	76%
Editores de publicações eruditas	74%
Administradores de escolas secundárias	74%
Economistas	73%
Sociólogos	62%
Administradores públicos	45%
Reitores de faculdades	33%
Líderes empresariais	23%

Assim sendo, concluímos que a publicidade factual é muito mais amplamente percebida como Coisa Boa. Mas quando se trata

171

de publicidade "persuasiva", colocando uma marca estabelecida contra outra, a maioria dos economistas acompanha a opinião condenatória de Marshall. Rexford Tugwell, que conquistou minha admiração eterna por inspirar a renascença econômica de Porto Rico, condena o "enorme desperdício aplicado no esforço para tentar transferir vendas de uma empresa para outra". O mesmo dogma é exposto por Stuart Chase:

> A publicidade faz as pessoas pararem de comprar o sabão Mogg, e começar a comprar o sabão Bogg. (...) Noventa por cento ou mais da publicidade são altamente competitivos, discutindo sobre os méritos relativos de dois compostos químicos, na maioria das vezes indistinguíveis.

Pigou, Braithwaite, Baster, Warne, Fairchild, Morgan, Boulding e outros economistas dizem na essência a mesma coisa, muitos deles quase que com as mesmas palavras, à exceção de que eles deixam Mogg & Bogg para Stuart Chase, substituindo-os por Eureka & Excelsior, Tweedledum & Twedledee, Bumpo & Bango. Leia um deles, e você terá lido todos.

Vou revelar a esses presunçosos um segredo curioso. O tipo de publicidade combativa-persuasiva que eles condenam não é nem de longe tão *rentável* quanto o tipo de publicidade informativa que eles aprovam.

Minha experiência ensinou-me que é relativamente fácil para a publicidade convencer os consumidores a experimentarem um *novo* produto, mas eles se tornam cada vez mais surdos à publicidade de produtos que já estão no mercado há muito tempo. Portanto, nós, os publicitários, obtemos muito mais resultado anunciando novos produtos do que produtos antigos. Mais uma vez a virtude acadêmica e o alto interesse comercial marcham lado a lado.

A publicidade aumenta os preços? Tem havido muita argumentação vazia de ambos os lados desta complicada questão. Muito poucos estudos sérios foram realizados sobre o efeito da publicidade sobre os preços. Contudo, o professor Neil Borden, de

Harvard, examinou centenas de casos. Com o auxílio de um comitê consultivo de cinco outros professores notáveis, chegou a conclusões que deveriam ser mais profundamente estudadas pelos outros eruditos antes de ficarem a dar palpites precipitados sobre os aspectos econômicos da publicidade. Por exemplo: "Em muitos ramos, as operações em larga escala que se tornaram possíveis em parte graças à publicidade resultaram em reduções nos custos de produção." E "a construção de um mercado por meio da publicidade e de outros instrumentos promocionais não só torna as reduções de preço atrativas ou possíveis para grandes empresas, como também cria oportunidades para o desenvolvimento de marcas privadas, as quais em geral são oferecidas a preços menores".

E realmente elas o são; quando eu estiver morto e autopsiado, você não encontrará "Calais" escrito em meu coração, como Mary Tudor profetizou que seria encontrado no dela, mas "Marcas Privadas". Elas são as inimigas naturais dos publicitários. Vinte por cento das vendas totais de secos e molhados são atualmente de marcas privadas, propriedade dos varejistas e não anunciadas com publicidade. Malditos parasitas!

O professor Borden e seus conselheiros chegaram à conclusão de que a publicidade, "embora, por certo, não seja livre de crítica, é um ativo econômico — e não um passivo".*

Assim, eles concordam com Churchill e Roosevelt. Entretanto, eles não apóiam todos os códigos da Madison Avenue. Descobriram, por exemplo, que a publicidade não proporciona informação suficiente para os consumidores. Minha experiência como profissional leva-me a concordar.

Vale a pena ouvir o que os homens que aplicam enormes montantes do dinheiro de seus acionistas em publicidade têm a dizer sobre o efeito dela nos preços. Eis a palavra de Lorde Heyworth, ex-presidente da Unilever:

A publicidade (...) traz economia na sua esteira. Pelo lado da distribuição, ela acelera a rotação dos estoques, o que torna possíveis níveis menores de margens no

---

* *The Economics of Advertising*, Richard D. Irwin (Chicago, 1942), páginas 25 a 34.

varejo, sem reduzir a receita do varejista. Pelo lado do fabricante, ela é um dos fatores que torna possível a produção em larga escala. E quem será capaz de negar que a produção em larga escala leva a custos menores?

Essencialmente o mesmo foi dito há pouco tempo por Howard Morgens, presidente da Procter & Gamble.

Freqüentemente, em nossa empresa temos observado que o início da publicidade de um novo tipo de produto resulta em economias consideravelmente maiores do que todo o custo de publicidade. (...) O uso da publicidade resulta claramente em preços mais baixos para o público.

Na maioria das indústrias o custo da publicidade representa menos de 3% do que os consumidores pagam ao varejo. Mas, se a publicidade fosse abolida, você perderia muito mais nos desvios do que o que iria economizar nos detalhes. Por exemplo, você teria que pagar uma fortuna pelo *New York Times* de domingo, se ele não mais tivesse anúncios. E imagine que chato ele se tornaria. Jefferson lia apenas um jornal, "e mais pelos anúncios que publicava do que por suas notícias". Muitas donas-de-casa diriam o mesmo.

A publicidade encoraja o monopólio? O professor Borden descobriu que "em alguns ramos a publicidade contribuiu para a concentração da demanda, e por isso tem sido um fator favorável à concentração dos suprimentos nas mãos de algumas empresas dominantes". Mas ele concluiu que a publicidade não é uma causa básica do monopólio. Outros economistas proclamaram que a publicidade contribui para o monopólio. Concordo com eles. Está se tornando cada vez mais difícil para pequenas empresas lançar novas marcas. O custo do ingresso, em termos da publicidade, é tão grande hoje em dia, que só os gigantes já entrincheirados, com seus enormes orçamentos de guerra, podem suportar. Se você não acredita em mim, tente lançar uma nova marca de detergente com um "fundo de batalha" de menos de 10 milhões de dólares.

Além disso, os anunciantes gigantes podem comprar espaço muito mais barato que seus competidores pequenos, porque os donos da mídia os afagam com altos índices de descontos. Esses descontos encorajam os grandes anunciantes a comprarem os pequenos; eles podem fazer a mesma publicidade a um preço 25% menor, e embolsar a economia.

A publicidade corrompe editores? Sim, ela o faz, mas a um número menor de editores do que você poderia supor. Certa feita, o editor de uma revista queixou-se para mim, e com justa indignação, de que tinha concedido a um de meus clientes cinco páginas de matéria editorial e recebido em troca apenas duas páginas de publicidade. Mas a vasta maioria dos editores são incorruptíveis.

Harold Ross odiava a publicidade, e certa vez sugeriu a seu editor que todos os anúncios do *The New Yorker* deveriam ser postos numa única página. Seu sucessor demonstra o mesmo tipo de esnobismo acadêmico e não perde oportunidade para menosprezar o que ele chama de "propagandistas". Há pouco tempo, publicou um ataque jocoso a duas de minhas campanhas, sublimemente indiferente ao fato de que eu cobri 1.173 páginas de sua revista com anúncios extraordinariamente decorativos. Incomoda-me, como uma demonstração de maus modos, que uma revista aceite um dos meus anúncios e depois o ataque editorialmente — como convidar uma pessoa para jantar e depois cuspir no seu olho.

Freqüentemente, sinto-me tentado a punir os editores que insultam meus clientes. Quando um de nossos anúncios para a Feira Britânica das Indústrias foi inserido numa edição do *Chicago Tribune* que publicava uma horrível diatribe do Coronel McCormick contra a Grã-Bretanha, tive ganas de cancelar a campanha naquele jornal. Se o fizesse, teria aberto um rombo em nossa cobertura no Meio-Oeste, e talvez tivesse provocado um grande falatório a respeito da pressão da publicidade sobre os editores.

Pode a publicidade impingir um produto inferior ao consumidor? Amarga experiência ensinou-me que não. Nas raras ocasiões em que anunciei produtos cujos testes de consumo revelaram serem eles inferiores a outros na mesma categoria, os resultados foram desastrosos. Se me esforçar muito, sou capaz de escrever um anúncio que convencerá os consumidores a comprarem um

175

produto inferior, *mas só uma vez* — e a maioria dos meus clientes depende das compras repetidas para obter lucro. Phineas T. Barnum foi o primeiro a observar que "você pode anunciar um artigo vagabundo e induzir muitas pessoas a comprarem-no uma vez, mas pouco a pouco elas irão denunciar você como impostor". Alfred Politz e Howard Morgens acreditam que a publicidade pode, de fato, acelerar a extinção de um produto inferior. Diz Morgan: "A maneira mais rápida de liquidar uma marca de qualidade inferior é promovê-la agressivamente. O público descobrirá sua qualidade inferior também mais rapidamente."

Ele acrescenta que a publicidade adquiriu um papel significativo no desenvolvimento dos produtos:

> O pessoal de pesquisa, é claro, está constantemente investigando maneiras de melhorar aquilo que nós compramos. Mas, creia-me, um grande volume do incitamento, das provocações e das sugestões para essa melhora também provém do lado publicitário do negócio. Isso acontece porque o sucesso da publicidade de uma companhia está intimamente ligado ao sucesso de suas atividades de desenvolvimento de produtos. (...) A publicidade e a pesquisa científica vêm trabalhando de mãos dadas numa escala vasta e surpreendentemente produtiva. O beneficiário direto é o consumidor, que desfruta de uma seleção cada vez mais ampla de melhores produtos e serviços.

Em mais de uma ocasião eu colaborei para persuadir clientes a não lançar um novo produto antes que pudessem desenvolver um produto comprovadamente superior aos já existentes no mercado.

A publicidade é também uma força a sustentar os padrões de qualidade e serviço. Escreve *Sir* Frederick Hooper, da Schweppes:

> A publicidade é uma garantia de qualidade. Uma empresa que gastou uma soma substancial promovendo os méritos de um produto e habituando o consumi-

dor a esperar um padrão ao mesmo tempo alto e uniforme não ousará depois reduzir a qualidade de seus produtos. Às vezes o público é ingênuo, mas não a ponto de continuar comprando um produto evidentemente inferior.

Quando começamos a anunciar a KLM Royal Dutch Airlines como "pontual" e "confiável", sua alta administração emitiu um documento interno recomendando o pessoal de operação a adequar-se à promessa feita na publicidade.

Pode-se dizer que uma boa agência de publicidade representa os interesses do consumidor no foro da indústria.

A publicidade é um amontoado de mentiras? Não mais. O temor de envolver-se em disputa com a Federal Trade Commission, que discute seus casos pela imprensa, é tão grande, hoje, que um dos nossos clientes advertiu-me que, se algum dia um de seus comerciais fosse citado no FTC por desonestidade, ele levaria imediatamente a sua conta para outra agência. O advogado da General Foods requereu, literalmente, que nossos redatores *provassem* que o molho para churrasco Open-Pit tem um sabor "ao estilo antigo", antes de nos dar licença para fazer essa afirmação inofensiva nos anúncios. A consumidora está mais bem protegida do que imagina.

Nem sempre consigo manter-me a par das regras mutantes estabelecidas pelas várias entidades que regulam a publicidade. O Governo canadense, por exemplo, aplica um conjunto de regras para a publicidade de medicamentos populares, e o Governo dos Estados Unidos um conjunto totalmente diferente. Alguns Estados americanos proíbem que se mencione o preço de uísques em anúncios, enquanto outros insistem em que se publique; o que é proibido num Estado, é obrigatório noutro. Só me resta, então, abrigar-me na regra que sempre governou minha produção: jamais escreva um anúncio que você não desejaria que a sua própria família visse.

Dorothy Sayers, que redigia anúncios antes de tornar-se escritora de novelas policiais e panfletos anglo-católicos, afirma: "Mentiras claras são perigosas. As únicas armas permissíveis são a *suggestio falsi* e a *suppressio veri*". Eu me confesso culpado de um ato de *suggestio falsi* — aquilo que nós, na Madison Avenue, chamamos de "liberdade". Entretanto, dois anos mais tarde, um químico resgatou minha consciência, descobrindo que aquilo que eu tinha falsamente sugerido era verdade verdadeira.

Mas devo confessar que sou freqüentemente culpado de *suppressio veri*. Concordam que seria exigir demais pretender que o anunciante descrevesse os pontos fracos de seu produto? Devemos ser perdoados por exibirmos as nossas melhores qualidades.

A publicidade faz as pessoas quererem comprar produtos de que não necessitam? Se você acha que as pessoas não precisam de desodorante, sinta-se livre para criticar a publicidade por ter persuadido 87% das mulheres e 66% dos homens americanos a usá-lo. Se você acha que as pessoas não precisam de cerveja, está certo em criticar a publicidade por ter persuadido 58% da população adulta a bebê-la. Se você desaprova a mobilidade social, o conforto das pessoas e as viagens ao exterior, você está certo ao condenar a publicidade por encorajar essas ninharias. Se você não gosta da sociedade afluente, tem o direito de culpar a publicidade por incitar as massas a procurá-la.

Se você pertence a essa categoria de puritanos, eu não tenho como argumentar com você. Eu só posso chamá-lo de "psicomasoquista". Como o Arcebispo Leighton, eu rezo: "Livrai-me, ó Senhor, dos erros dos homens sábios, sim, e dos erros dos homens bons."

O velho John Burns, o pai do movimento trabalhista na Inglaterra, dizia que a tragédia das classes trabalhadoras era a pobreza de seus desejos. Eu não peço desculpas por incitar as classes trabalhadoras a desejar vidas menos espartanas.

Deve a publicidade ser usada na política? Acho que não. Nos últimos anos, tornou-se moda os partidos políticos usarem agências de publicidade. Em 1952, meu velho amigo Rosser Reeves fez a campanha do General Eisenhower como se ele fosse um tubo de creme dental. Criou cinqüenta comerciais nos quais o General simulava a leitura de respostas de próprio punho a uma série de pretensas perguntas de cidadãos imaginários. Como esta:

Cidadão: Sr. Eisenhower, o que o senhor tem a dizer a respeito do alto custo de vida?

General: Minha mulher Mamie preocupa-se com a mesma coisa. Eu digo a ela que é nossa missão mudar isso em 4 de novembro.

Durante as filmagens, ouviram o General dizer: "E pensar que um velho soldado chegaria a isto!."

Sempre que minha agência é convidada para fazer publicidade para um político, ou para um partido político, recusamos o convite, por estas razões:

(1) Usar a publicidade para vender estadistas é o cúmulo da vulgaridade.

(2) Se anunciássemos um democrata, estaríamos sendo injustos com nosso pessoal republicano, e vice-versa.

No entanto, estimulo meus colegas a cumprirem seu dever político trabalhando para um dos partidos — como indivíduos. Se um partido ou um candidato precisa de serviços técnicos de publicidade, tais como a compra de tempo em emissoras de televisão para a transmissão de seus comícios políticos, ele pode usar especialistas voluntários, reunidos num consórcio *ad hoc*.

Deve a publicidade ser usada em boas causas de natureza não política? Nós, publicitários, colhemos humilde satisfação pelo trabalho que fazemos pelas boas causas. Assim como os cirurgiões devotam boa parte do seu tempo operando os pobres sem remuneração, nós devotamos boa parte do nosso tempo criando campanhas para pacientes de caridade. Por exemplo, minha agência criou a primeira campanha para a Rádio Europa Livre, e nos últimos anos criamos campanhas para a Sociedade Americana do Cancer, o Comitê dos Estados Unidos para as Nações Unidas, o Comitê de Cidadãos para Manter Limpa a Cidade de Nova York, e o Lincoln Center para Artes Performáticas.

Os serviços profissionais que doamos para essas causas custaram-nos cerca de 250.000 dólares, o que é equivalente ao nosso lucro num faturamento de 12 milhões de dólares.

179

Em 1959, John D. Rockefeller III e Clarence Francis pediram-me para aumentar o conhecimento público do Lincoln Center que à época estava em fase de planejamento. Uma pesquisa revelou que apenas 25% da população adulta de Nova York haviam ouvido falar no Lincoln Center. Quando nossa campanha terminou, um ano depois, 67% tinham ouvido sobre o Lincoln Center. Ao apresentar os planos para essa campanha, afirmei:

> Os homens que conceberam o Lincoln Center, e particularmente as grandes fundações que contribuíram para ele, ficariam consternadas se o povo de Nova York ficasse pensando que o Lincoln Center é uma exclusividade das classes superiores. É importante, então, criar a imagem correta: o Lincoln Center é *para todos*.

Pesquisa realizada na conclusão da campanha demonstrou que esse democrático objetivo foi alcançado. Certas afirmações foram apresentadas, e os entrevistados foram convidados a dizer com quais delas concordavam. Aqui estão os seus votos:

> *Provavelmente a maior parte das pessoas que vivem em Nova York e em seus subúrbios visitará o Lincoln Center uma vez ou outra*
>
> *O Lincoln Center é só para as pessoas ricas*   76%
>   4%

A maioria das campanhas para causas nobres recebe a contribuição de uma agência voluntária, mas, no caso do Lincoln Center, a BBDO, a Young & Rubicam, e a Benton & Bowles apresentaram-se voluntariamente para trabalhar conosco, um quarteto notável e harmonioso. Os comerciais de televisão foram feitos pela BBDO, e as emissoras de Nova York doaram tempo no valor de 600.000 dólares para transmiti-los. Os comerciais de rádio foram feitos pela Benton & Bowles, e as emissoras de rádio doaram 100.000 dólares de tempo para transmiti-los. Os anúncios impressos foram feitos pela Young & Rubicam e por nós; *Reader's*

Digest, The New Yorker, Newsweek e *Cue* publicaram-nos gratuitamente.

Quando nos apresentamos voluntariamente para fazer a campanha "Mantenha Nova York Limpa", as ruas classificadas como limpas já haviam subido de 56% para 85%. Concluí que aqueles que continuavam sujando deveriam pertencer a um grupo de bárbaros irresponsáveis que jamais seriam reformados por *slogans* amistosos como este da agência anterior: "Ponha o seu voto aqui, por uma Nova York mais limpa."

Uma pesquisa revelou que a maioria dos nova-iorquinos não sabia que poderiam ser multados em 25 dólares por jogar lixo no chão. Então, desenvolvemos uma *campanha dura*, advertindo os porcalhões de que poderiam ser levados a um tribunal. Ao mesmo tempo, persuadimos o Departamento Sanitário de Nova York a recrutar um esquadrão volante de homens uniformizados para patrulhar as ruas em motocicletas em busca dos infratores. Os jornais e revistas doaram uma quantidade inédita de espaço grátis para a publicação de nossos anúncios, e nos primeiros três meses a televisão de Nova York e as emissoras de rádio nos deram 1.105 comerciais grátis. Em quatro meses,· 39.004 intimações foram expedidas e os magistrados cumpriram seu dever.

A publicidade é um aborrecimento vulgar? C. A. R. Crosland esbraveja no *The New Statesman* que a publicidade é "freqüentemente vulgar, estridente e ofensiva. Ela induz a um cinismo decisivo e à corrupção, tanto nos seus profissionais quanto na audiência, devido à constante mistura de verdades e mentiras".

Este, eu penso, é atualmente o principal ponto de acusação contra a publicidade entre as pessoas cultas. Ludwig von Mises descreve a publicidade como "estridente, barulhenta, grosseira, bajuladora". Ele condena o público por não exigir uma publicidade honrada. Eu sou mais inclinado a condenar os anunciantes e as agências, inclusive a mim mesmo. Devo confessar que sou um mau julgador daquilo que possa chocar o público. Duas vezes produzi anúncios que para mim pareciam perfeitamente inocentes, e que acabaram acusados de indecência. Um, foi para as camisas Lady Hathaway, mostrando uma bela mulher em calças de veludo, montada numa cadeira, fumando um longo charuto. Minha outra

181

transgressão foi um comercial de televisão em que esfregávamos o desodorante Ban no sovaco de uma estátua grega. Em ambos os casos o simbolismo, que me escapara, inflamou as almas mais lascivas.

Eu me sinto menos ofendido pela obscenidade do que pela composição tipográfica de mau gosto, pelas fotos banais, pelos textos relaxados e pelos *jingles* baratos. É fácil evitar esses horrores quando surgem nas revistas e nos jornais, mas é impossível escapar deles na televisão. Fico enfurecido, à beira da violência, com a interrupção dos programas pelos comerciais. Os proprietários das emissoras de televisão são tão gananciosos que não podem resistir a essas invasivas afrontas à dignidade humana? Eles interrompem até a cerimônia de posse de presidentes e a coroação de monarcas.

Como profissional, sei que a televisão é o mais poderoso meio de publicidade jamais criado. E ganho a maior parte do meu dinheiro com ela. Mas, como cidadão, eu pagaria alegremente pelo privilégio de assisti-la sem intervalos comerciais. Moralmente, eu me encontro entre o mar e o rochedo.

Foi a publicidade pela televisão que tornou a Madison Avenue o arqui-símbolo do materialismo sem gosto. Se os governos não criarem logo instrumentos para a regulamentação da televisão, temo que a maioria dos homens inteligentes concordarão com Toynbee, para quem "o destino de nossa civilização ocidental depende do resultado de nossa luta contra tudo o que a Madison Avenue preconiza". Tenho um interesse firmado na sobrevivência da Madison Avenue, mas duvido que ela possa sobreviver sem uma drástica reforma.

A Hill & Knowlton informa que a grande maioria dos líderes de opinião, atualmente, acreditam que a publicidade promove valores demasiadamente materialistas. O perigo para o meu ganha-pão vem do fato de que aquilo que os líderes de opinião pensam hoje a maioria dos eleitores provavelmente pensará amanhã.

Não, minha querida irmã, a publicidade não deve ser abolida. Mas deve ser reformada.

David Ogilvy

*David Ogilvy nasceu na Inglaterra em 1911. For-
mado em Christ Church, Oxford, começou sua carreira como cozinheiro-aprendiz no Hotel Majestic, em
Paris. Andou vendendo fogões na Escócia, antes de
emigrar para os Estados Unidos, onde, em 1949, fun-
dou a agência de publicidade hoje conhecida como
Ogilvy & Mather. Atualmente, sua agência tem 9.000
empregados e escritórios em 47 países. A revista Time
chamou-o de "o mago mais procurado no negócio da
publicidade".*

*David Ogilvy gasta hoje a maior parte do seu
tempo na França e na Suíça. É o autor de* A Publicidade Segundo Ogilvy.

Impresso no Brasil pelo
Sistema Cameron da Divisão Gráfica da
DISTRIBUIDORA RECORD DE SERVIÇOS DE IMPRENSA S.A.
Rua Argentina 171 – Rio de Janeiro, RJ – 20921-380 – Tel.: 585-2000